教育部人文社科研究青年项目:当代博物馆文化信息传达有效性评估(项目编号: 17YJC760063)

南京工业大学人文社科重点项目 (项目编号: ZX17442510005)

南京工业大学省级大学生创新训练计划 (项目编号: 201910291191Y)

|国|研|文|库|

当代博物馆文化信息
传达有效性研究

钱凤德 —————— 著

光明日报出版社

图书在版编目（CIP）数据

当代博物馆文化信息传达有效性研究 ／ 钱凤德著
. --北京：光明日报出版社，2021.5
ISBN 978 - 7 - 5194 - 5980 - 2

Ⅰ.①当… Ⅱ.①钱… Ⅲ.①博物馆—文化传播—研
究—中国 Ⅳ.①G269.23

中国版本图书馆 CIP 数据核字（2021）第 071530 号

当代博物馆文化信息传达有效性研究
DANGDAI BOWUGUAN WENHUA XINXI CHUANDA YOUXIAOXING YANJIU

著　　者:钱凤德	
责任编辑:陆希宇	责任校对:张　幽
封面设计:中联华文	责任印制:曹　净

出版发行:光明日报出版社

地　　址:北京市西城区永安路 106 号，100050

电　　话:010 - 63169890（咨询）　63131930（邮购）

传　　真:010 - 63131930

网　　址:http：//book. gmw. cn

E - mail：luxiyu@ gmw. cn

法律顾问:北京德恒律师事务所龚柳方律师

印　　刷:三河市华东印刷有限公司

装　　订:三河市华东印刷有限公司

本书如有破损、缺页、装订错误，请与本社联系调换，电话：010 - 63131930

开　　本:170mm×240mm			
字　　数:178 千字		印　　张:15	
版　　次:2021 年 5 月第 1 版		印　　次:2021 年 5 月第 1 次印刷	
书　　号:ISBN 978 - 7 - 5194 - 5980 - 2			
定　　价:95.00 元			

序

中国展示设计教育最早始于 20 世纪 60 年代，1961 年毕业于捷克布拉格工艺美院的林福厚（中央工艺美术学院/清华大学教授）最早将展示设计的相关课程介绍到国内，为中国的展示教育与研究奠定了坚实的基础。后来在中国高等教育体系中发展成了独立的会展艺术与技术专业。2012 年教育部对中国高等教育目录进行了调整，将原来的会展艺术与技术专业同音乐科技与艺术专业进行了合并，设立了特设专业"艺术与科技"，这是展示设计教育在中国发展的基本脉络。在相当长的一段时间内，中国的展示设计在整个设计领域一直处于相对从属的地位，直到 2010 年上海世博会的举办让政府管理者、专业设计师与普通公众对展览展示有了更加深入的认识与理解，也让中国的展示设计的水平达到了一个新的高度。在这个过程中，展示的内涵也不断得以延申，从原来相对单一的室内空间环境逐步扩展到了室外乃至整个城市，城市街区与人文环境在很大程度

1

上成为城市综合形象的重要展示。

当下展览展示设计领域的从业者多来自建筑设计、艺术设计、媒体与文化传播等相关专业，展览展示成为集展示内容策划、营销推广、展陈设计、空间设计以及平面设计于一体的综合体。

近些年有关展示设计的研究主要集中在空间设计与视觉传达设计的专业领域内，大多围绕通过展示的形式设计吸引参观者的注意力，从而实现信息的有效传达。另外从观众体验角度提升布展设计质量的基础研究则多见于博物馆学领域。凤德作为设计专业领域的研究者，能从形式设计与观众参观体验的双重角度进行文化信息传达效能的问题研究，实属难能可贵。特别是采用量化研究的方法来探讨展馆的信息传达与设计问题，能使未来展馆的设计在经验之外有了更多的理论支撑，目前从设计角度思考这类问题的研究还较为少见。

非常乐见凤德第二部关于展馆展示的研究专著，2014 年凤德的博士毕业论文《中国城市规划展览馆发展研究》，曾系统论述过当时中国城市展馆发展面临的部分现实问题，梳理了大量国外优秀展馆的先进做法，在三年后其专著《静观中国城市规划馆》正式出版，同样时隔三年，第二部有关展馆发展与评估的专著再次完成，这需要相当的毅力，更难能可贵的是在这几年中还陆续发表了一系列相关论文，每每听到凤德在科研和事业上取得了新的进展和成绩，作为导师我是相当欣慰的。

夫耳闻之，不如目见之；目见之，不如足践之。

愿凤德的科研之路越走越宽，百尺竿头更进一步。

前　言

近年来我国博物馆快速发展的成果有目共睹，但在运营过程中出现的部分问题也让业界研究者褒贬不一，持积极态度的人认为博物馆建设对城市文化与经济的发展起到了极大的推动作用，而持消极态度的人则认为，博物馆没有足够的观众便是哗众取宠。对博物馆设计师而言，在追求完美设计的背后，更在意的是参观者究竟从自己的作品里能够获得什么？以上所有这些都离不开对博物馆观众的研究，因为博物馆存在的价值和意义最终都要反映在参观者即公众身上。因此本书主要围绕博物馆观众的参观行为，对博物馆展示方式与文化信息传达问题展开系统研究。

研究总体分为三个篇章。上篇为认知篇，主要讨论了博物馆的起源、发展、类型、属性与观众研究的相关问题；中篇为研究篇，在参观者调研基础上系统分析了展馆展示形式、展示类型、展示属性以及参观者之间的内在关系，建构了博物馆文化信息传播的基本模型，并在公众博物馆消费信息反馈的基础上，讨论了博物馆文化信息传达效果的评估问题；下篇为策略篇，主要在问题分析基础上，对各类城市发展博物馆提出了相应的对策和建议，思考了博物馆未来发展的基本趋势。

本书以观众的参观行为为切入点，以统计学量化研究为主，结合文献与质性研究，从博物馆内容、展示形式及观众等多个视角，多维地分析了博物馆对社会公众的价值、意义，并提出了博物馆功能实现的途径，对当前博物馆发展所面临的问题做了反思。限于作者研究能力所限，无论是研究方法和结论都尚有极大的商榷空间，敬请专家学者批评指正。

钱凤德
2020 年 5 月于南京工业大学

目 录
CONTENTS

上篇　认知篇

个人收藏搭建了博物馆的雏形

国家力量成就了博物馆的发展

从无序到有序

从刻意展示到精心谋划

从单纯的实物展陈到现代媒介的广泛应用

博物馆的内容与形式

始终在围绕如何满足公众的多维需求

第一章

博物馆的起源、发展与研究

当下中国博物馆的发展表现出社会对博物馆的作用和价值持有坚定的认同，但不可否认的是无论专家学者还是普通公众，对博物馆的建设和运营都存有不同程度的疑虑，公众这种肯定又飘忽不定的态度正是当下博物馆发展的真实写照。如何扩大公众对博物馆消费的更多需求，如何看待博物馆与公众的关系，如何认识博物馆对公众生活的影响，可以从博物馆的起源与发展历程中找到一些依据。

第一节　博物馆的起源与发展

世界上最早的博物馆可以追溯到公元前 3 世纪的亚历山大博物馆，这座世界上最早的博物馆位于埃及的亚历山大里亚城，实际是缪斯的神庙，而缪斯是对古希腊神话中掌管文艺、历史和科学的 9 位女神的统称。英文中博物馆（Museum）一词正是源于古希腊语中的缪斯神庙

（Mouseion）。作为一座神庙建筑，缪斯神庙虽然在功能上有了博物馆的馆藏、研究及陈列功能，但主要是为从事研究的学者和贵族服务，因此还难以称得上是现代意义上的博物馆。

西方现代意义上的第一所博物馆是 1682 年成立，1683 年向公众开放的英国牛津大学阿什莫林艺术和考古博物馆（Ashmolean Museum），它的早期藏品主要是阿什莫捐赠给牛津大学的私人收藏。这座博物馆的开放标志着仅供贵族欣赏的珍藏室开始具有了社会化职能，自此博物馆有了服务社会公众的基本职能。

15—18 世纪的欧洲，大量艺术品流转于不同收藏家手中难以获得稳定的栖息地，18 世纪小型的美术馆开始出现，但这些作品在展馆内的分布比较无序。1759 年 1 月 15 日大英博物馆对外开放，这座以收藏家斯隆的收藏品为基础建立起来的博物馆是首座代表国家的公立博物馆，后来发展成了世界上藏品最为丰富与多元的博物馆之一。

1793 年史上第一个真正的国家"艺术博物馆"——法国卢浮宫对公众开放，它用艺术作品论证了法国大革命政权的合法性，而且还成为国家荣耀的典范，之后西方其他国家陆续开始创办了大批国家艺术博物馆。

20 世纪 30 年代美国大都会艺术博物馆和国家美术馆相继成立，当时世界博物馆的数量已经有 7000 座之多，其中 6500 多座集中在欧洲大陆及英美国家。而至 2019 年，仅中国的博物馆数量就突破了 5000 多座。

1905 年，晚清实业家张謇在南通创办了南通博物苑，这是中国第一座现代意义上的博物馆，这座经历了战乱之苦的博物馆于 1984 年 7 月正式恢复了"南通博物苑"的名称。

从中外博物馆的起源与发展情况可以看出，无论是民间私立还是政府公立的博物馆，其雏形发展均与个人的收藏有着紧密关系。如果要说原因，可能个人对文化与美的追求相比抽象的国家共同体有更加直接的需求，亦或者说文物本身的根本特性是个体化的产物，只是随着国家共同体出现后，这些文化成果才逐渐从个体向王权集中，最终成为国家文化的象征。与过去相比今天人们对文化的追求与热情仍然是有过之而无不及，大量的民间博物馆、美术馆的发展就是最好的证明。当然现在的藏品除了作为文化载体的属性外又附加了大量的经济属性，表面上看文物或古董的经济属性在不断加强，但本质上仍然是文化价值的外在反映。从博物馆的发展历程看，源于个体而最终必然还是要返回个体，博物馆发展的终极目标仍然是要服务国家共同体下的公众与个体。

第二节　博物馆的类型分析

"开展博物馆的类型研究，有助于探讨在博物馆发展过程中，描绘出博物馆全行业发展的图景，对博物馆存在的状态进行概念化，进而讨论博物馆的存在机制和机理。"西方较早对博物馆类型进行研究的学者是美国人爱德华·亚历山大（Edward P. Alexander），他在 1979 年出版了《博物馆变迁：博物馆历史与功能读本》，将博物馆分为艺术博物馆、自然史与人类学博物馆、科学技术博物馆、历史博物馆、植物园和动物园、儿童博物馆六个基本类型。其中他将植物园和动物园列入了博物馆的范畴，若依据博物馆最新的定义，博物馆展品应该是与人类生活紧密相关且能反映人类历史文明痕迹的展品，从这个意义上看，动物园和植物园则区别于一般意义上的博物馆。而现代博物馆的分类常从内容特性的角度分为历史类博物馆、艺术类博物馆、自然类博物馆及科技类博物馆。

历史类博物馆主要从历史的维度研究并呈现人类发展的历程，目的是让公众了解人类历史文化的发展与演进，让人在历史语境中明确当下自身的位置，体验社会文化发展的力量。历史类博物馆主要依靠藏品讲述人类在历史、物质文化、人类学方面的史实。

艺术类博物馆的收藏品在广义上是指那些在改造自然过程中，带有修饰与装饰成分的人工制品。藏品收藏的标准是看是否在艺术史上占有一席之地，作为具有先锋意识的艺术作品代表的是特定时代的先锋思想，观众通过参观艺术博物馆，能够与艺术作品所代表的先锋思想进行对话与交流。

自然类博物馆是以自然科学为依托，对大自然中的各类自然现象与人类环境演化进行呈现。自然类博物馆诞生于现代社会初期，是为了满足人们认识自然的好奇心，用科学解读自然现象，重新构建人与自然关系的诉求。在英国，自然类博物馆又被称为"百科全书"博物馆，以说明自然界是自在自为的，不是由神创造的；在美国，自然类博物馆被用来赞颂北美地区的丰富自然资源和瑰丽山河，以加强移民对美洲土地的热爱依恋。自然类博物馆的收藏要尽可能地反映自然世界的丰富多彩和演进变化，支持人们对各种自然物和自然现象的观察与研究。

科技类博物馆主要聚焦在现代科学技术的研究与应用，呈现人类用科学知识和技术设备改造自然的能力。科技类博物馆的收藏以人类科技发展的重大发明创造为主要展示对象，关注特定技术门类的发展历程。鉴于科学研究在观察、实验、迭代优化方面的特点，科技类博物馆的展示会更多使用实物运作的演示方法，鼓励观众亲自参与，让观众在演示中了解技术原理，在参与中观察科学现象并加深对科学知识的理解。

时至今日，博物馆的类型已经呈现出百家齐放的局面，除了公立综合型博物馆外，各种行业专题类博物馆几乎数不胜数，甚至一个单独的产品也可以深挖其背后的文化内容，通过良好的策划与设计形成一个主题鲜明的博物馆。

本课题从博物馆文化信息传达有效性的视角思考博物馆的相关问题，主要将博物馆的范围限定在了反映社会历史文化发展的范围内，而研究的切入点聚焦在展品的呈现方式即展示形式上。原因在于展示形式是引起参观者注意力的第一要素，只有吸引观众的注意力才有可能影响观众进一步对内容的深入参观，而参观行为本身则是发生文化信息传递的基本前提。纵观以上各类博物馆，其在展示形式上已经处于一种高度融合的状态，任何一种类型的博物馆都有多种展示方式，但在内容的驱动下，不同博物馆仍然能够在形式上呈现出一种总体的倾向性。因此，研究将现有的历史博物馆从内容和规模角度进行了如下归类，便于后续进一步的比较研究。

（1）综合型博物馆，这类博物馆首先要求超大规模，其次在展示内容上要有多元结构，同时所有展示对象之间存在结构紧密的逻辑关系，在展示形式上同样要有多种方式，这是构成综合型博物馆的基本特征。

（2）专题类博物馆，同样从历史角度出发，专题类博物馆常常以中型的规模呈现，展示方式相对比较丰富，展示内容和题材保持多元，展品之间的关系对比较松散，类别维度和时间跨度相对较小。

（3）纪念类博物馆，此类博物馆仍从历史文化角度出发，以展示重大历史事件和人物生平为主，展馆规模相对较小，展示形式较为单一，以自然呈现为主要特征，较少加入人工技术的表现。

本研究将以上三类博物馆与展馆规模——对应，用来讨论其在文化信息传达方面的具体差异，以及对参观者的行为会产生怎样的影响。

第三节　博物馆的媒介属性

依据媒介环境学奠基人哈罗德·伊尼斯的相关理论，世界上所有的媒体都可以分为两类，一类是时间偏向的媒介，另一类是空间偏向的媒介。时间偏向的媒介，就是那些更适合长时间保存信息的媒介，比如石碑、佛窟等。这类媒介的优势在于能够经受住时间的冲刷，将信息长久保存下来。不过，它也有一个致命的缺点，就是体积太大，无法远距离运输。空间偏向的媒介则是指那些能够跨越空间快速传播信息的媒介，比如广播、电视等。博物馆作为储存、研究、展示各类文物的场所，其明显是一种偏向时间的信息媒介。

依据伊尼斯对传播媒介的定义，博物馆传播媒介的属性对人类社会的价值与影响将远远超越博物馆馆藏的内容信息，因此对于博物馆，未来更要重点关注的是博物馆作为媒介对公众生活方式的影响，而不仅仅在展览本身。

另一位媒介环境学大师、加拿大人麦克卢汉认为媒介就是人身体的延伸。比如广播是对人听觉的延伸，印刷术是对人视觉的延伸，电影电视媒体是对人视觉与听觉的延伸，从这些媒介特征上看，媒介是专指那些能够加速信息传播的一切载体。由此可见，其对媒介的定义已不再仅仅局限在大众媒体的有限范围内，那些能够在信息传播过程中起到信息交换或中介作用的各种载体都可称为媒介。那么理所当然，博物馆作为历史文化信息传播载体的综合体，自然也就具有了媒介的基本属性。

而从更深的层次看，媒介本身也有其共性特征，在麦克卢汉看来，按照媒介消费者卷入媒介的程度不同，媒介可进一步分为热媒介和冷媒介。热媒介通常传递的信息比较清晰明确，接受者不需要动用更多的感官和思维活动就能理解，比如电影、广播、照片、书籍、报刊等就是热媒介。而冷媒介传递的信息相对较少并且模糊，在理解的时候，需接受者动用更多的感官和思维活动进行配合，需要充分发挥接受者的主观能动性。根据这种特点，博物馆作为信息传播的平台与载体总体上倾向于一种冷媒介，因为公众参观博物馆获取文化信息时，很大程度上需要发挥自己的主观能动性，要通过观看、思考、联想来完成信息的加工并最终达成对各种展示对象的认知。

　　在对博物馆媒介属性认知的基础上思考博物馆的作用与功能问题。在一般公众视野里，我们对博物馆看重的是其展览对象所传播的内容信息本身，因为展品附带的信息内容是社会文化的直接反映，是个体与社会关系的直接体现，但在麦克卢汉看来信息传播过程中真正重要的不是那些转瞬即逝的信息，而是不断发展和变化的媒介本身，正是这些媒介改变了我们接受信息的方式，决定了我们对空间和时间的感受，进而对我们的思考方式和行为方式产生了影响。从这个意义上讲，博物馆作为一种文化信息传播的场域，它的价值根本上并不在于其展品所展示出来的历史文化信息或知识，因为这些历史文化知识的获取会有更加直接和有效的方式途径，比如可以通过直接阅读历史文献书籍，或者倾听历史专家学者讲课，等等，因此博物馆的媒介价值重心或许应该表现在它对公众生活方式与日常生活产生的影响。这就可以进一步联系到博物馆服务公众的基本功能。只有在理论上认识到了博物馆的媒介属性，才能在后续博物馆的经营与管理过程中放大它的媒介属性，充分发挥它对公众生活的潜在影响，让博物馆的经营发展走向更加重要的方向。

第四节　博物馆观众研究

"陈列设计是将展览脚本转化为具体展示形式的创意过程，这项工作看似与观众评估没有太大联系，但西方博物馆发展的实践证明，在形式设计中运用观众评估的方法，能够避免很多因设计缺陷而出现的问题。由于形式设计会直接影响观众的参观体验，有时一个展项的错误安排就可能改变观众的整个参观线路，从而对观众的整个参观体验过程产生消极作用。"从这个意义上看，博物馆展示的形式设计对博物馆文化信息的有效传达具有重要的现实意义。因此研究博物馆的文化信息传达离不开对博物馆观众的研究，其中通过观众评估进行博物馆展示形式的更新与修正，也是博物馆观众研究的重要内容与目标之一。

1880 年英国利物浦博物馆实施的观众行为调查是西方最早进行博物馆观众研究的活动。1897 年，德国人费贺奈尔为了解观众对展品的看法，以当场询问的方式和博物馆观众进行沟通。通过最直接的观众行为观察与访谈构成了博物馆观众研究的最早形式。后续有关博物馆观众的研究经历了以下几个重要的认知节点，如表 1 - 1 所示。

表1-1 博物馆观众研究的认知节点

时间	国家地区	研究者或研究机构	主要观点研究内容与结论	学科领域研究方法
1880	英国	英国利物浦博物馆（the Liverpool Museum）Higgins	观众构成 学生、观察者及闲逛者	初步的行为调查
1897	德国	费贺奈尔（G. T. Fechner）	通过访谈了解观众对展品的认知偏好	现场观众访谈实验心理学
1916	美国	本杰明·艾夫斯·吉尔曼	首次提出"疲劳感"的概念（Museum Fatigue）	社会调查
1928	美国	爱德华·罗宾逊 & 阿瑟·麦尔顿	提出"吸引力""持续力"概念	社会调查
1954	美国	马斯洛（Maslow, A.）	人类社会生活持续得到满足后才愿意花费时间、金钱和精力去追求文化知识	社会学 心理学
1990	美国	钱德勒·斯克里文（C. D Screven）	前置型评估、形成式评估和总结型评估	社会调查
1992	美国	约翰·福克和林恩·迪尔金（John Falk，Lynn Dierking）	多个方面考虑影响观众体验的不同环境要素，提出"交互体验"概念	社会调查
1998	英国	比特古德（Stephen Bitgood）	吸引力指数和持续力指数	社会心理学

（表格来源：本研究整理）

从以上博物馆观众研究的发展历程看，从最初简单的行为调查来总结博物馆运营过程中的表象问题，到利用严谨的社会调查方法研究博物馆观众行为特点，以此改善博物馆的综合质量，再到将统计学量化研究引入博物馆观众行为的研究中来，深度观察博物馆观众参观行为的差异，同时其他交叉学科的研究方法也多角度、多层次地被运用于对博物馆观众的跨学科研究中。其根本目的仍然是为博物馆的良好运营与发展提供理论支持。

另外从 20 世纪末开始，观众研究由个别专家学者自发的研究开始向专业研究机构转变，相继成立了一大批专门从事博物馆观众研究的组织机构，如 1974 美国博物馆协会/观众研究和评估专业委员会（Committee of Audience Research and Evaluation，简称 CARE）主要调查了解评估博物馆观众的需求；1998 年英国成立"观众研究团体"（Visitor Studies Group，简称 VSG）倡导观众研究，以其为依据进行决策的力量，以鼓励并为所有受众创造出色的访客体验；1999 年澳大利亚博物馆观众研究中心成立（The Australian Museum Audience Research Centre，简称 AMARC）主要从事研究博物馆观众，推动博物馆社会教育服务。

我国博物馆观众的相关研究最早开始于 20 世纪 80 年代的我国台湾地区，西方博物馆观众的研究方法率先传到台湾地区，一大批博物馆学者从论文翻译到实践调查，展开了对博物馆观众的相关研究，并于 1987 年成立了第一份博物馆类的研究期刊《博物馆学季刊》，台湾学者王启祥在 2004 年发表的《国内博物馆观众研究知多少》中将博物馆观众研究划分为调查、评量和研究三大类。同期大陆地区也展开了有关博物馆观众的调查和研究，1987 年吴卫国发表的《京津地区博物馆观众调查报告》是国内第一个运用科学的研究方法对博物馆观众展开的研究与调查，为国内这方面的调查提供了一个好的开端，但后来此类的研究成果一直较少，早期的研究一般集中在"参观者满意度、服务质量、参观经验、博物馆疲劳、展项吸引力与持久力等方面"。直到 20 世纪末 21 世纪初，国内对该方面研究逐渐增多，另外博物馆馆方也加大了对观众研究的重视，研究方法上史吉祥提出了一套涉及问卷设计、样本获取、报告写作规范的研究方法，为高校和研究机构的博物馆观众研究奠定了良好的方法基础。2010 年后国内博物馆的观众研究在研究方法上日趋科学，严建强等曾对国内外博物馆观众的研究方法与存在问题做过系统阐述，同时进行了大量的理论研究，研究数据的获取渠道也从现场调研开始结合网络反馈、统计学和传播学理论，并大量用在了博物馆观众研究上。总体而言，博物馆观众的研究视角与范围已经全面铺开，但由于起步较晚，无论是在研究方法还是理论建构方面依然尚未形成足够完整而系统的知识体系。

第二章

博物馆的展示与发展趋势

博物馆发展过程中，内容的策划从无到有、从有到谋，如今的博物馆展示内容策划已不仅仅停留在展示内容的组织上，开始更多关注内容组织形式与展示设计对参观者行为的影响，而博物馆展示也开始借助传播学的基本理论，从最初的展品表现开始更多地关注展示对象的信息传达问题上。

第一节　博物馆内容结构的组织方式

纵观当下博物馆的内容组织形式，总体上存在纵向时间轴和主题单元式两种基本方式，纵向时间轴的内容结构能够更加清晰地展示文化历史演进的过程，参观者用较少的精力就能对展馆内容的逻辑产生清晰的认识，在很大程度上能减少参观者在整体内容建构方面的精力投入；而单元式的内容组织方式，则需要参观者发挥自己的能动性，对展示主题内容的逻辑关系进行梳理，相比而言会在一定程度上增加参观者的负担。

相比两种内容组织方式，时间轴式的内容结构能够显性展示历史文化的脉络关系，而在内容展示的深度上相对较为宏观和笼统，比较适合做叙事性较强、时间跨度较大的综合性博物馆的常设展览；而单元式的内容组织方式，相对属于隐性的叙事方式，在内容的逻辑结构关系上需要通过其他辅助性的导向标识或内容的衔接设计来加强前后的脉络与逻辑关系。

我国博物馆的内容组织形式主要分为三个发展阶段。新中国成立初期的博物馆布展基本是以纵向时间轴式的方式进行内容的展示，展馆内容强调主题的完整性与系统性。20 世纪 80 年代开始，参观者对博物馆展览内容深度的要求开始提高，博物馆的研究工作也更加深入，主题单元式的内容组织及展示方式开始出现，并逐渐演化成了分级主题式的单元结构。内容组织方面，上海城市历史发展陈列馆是严格按照纵向时间轴的方式进行内容组织的典型代表，整个陈列馆由 "华亭溯源" "城厢风貌" "开埠掠影" "十里洋场" "海上旧踪" "建筑博览" 和 "车马春秋" 7 个部分构成，通道式的参观路线将上海发展的历史完整地呈现在公众面前，参观过程中参观者只要沿着地标指示的方向自然前进就可以轻松感知上海历史发展的前后逻辑。在主题单元内容组织方面，苏州博物馆是其中较为典型的代表，展馆内容被分为几个鲜明的内容主题，展馆的空间也相应采用了独立单元的方式进行设计，每个主题都有相对深入的内容呈现，既可以满足普通参观者的参观需要，又能为相对专业的参观者提供更加深入的内容。

随着展示内容形式的进一步发展，当下博物馆的内容组织和展示设计更加倾向于在主题单元基础上，借助设计手法来强化时间的脉络关系，尝试以两种不同的内容结构方式组织博物馆的展示内容。然而不管内容组织形式发生怎样的变化，其唯一的目标是更加有利于展示内容的呈现和观众对文化信息的高效认知。

第二节　博物馆的展示形式分析

从设计角度看博物馆的展示形式，根本上由展示的内容决定，即内容决定形式，形式表达内容。从信息传达的角度看博物馆展示，展示形式更多会受到技术的影响，因为技术本身的特性决定了内容的适应性与选择性。考察当下博物馆的展示方式，主要分为以下几种。

一是静态式。作为博物馆展示最常见的展示形式，静态展示最多出现在文物陈列上，同时包含辅助说明的图文内容，由于文物自身附着了大量的文化信息，静态文物能够自然地散发出吸引参观者的磁力。而值得注意的是，虽然静态文物的展示方式看似平淡无奇，但要实现文化信息的高效传达，必须依靠苛刻的展示环境和辅助手法。对文物而言，只有保持视觉上的简洁与朴素、听觉上的幽静，才能实现文物与参观者之间的情感交流，任何喧嚣或视觉上的干扰都会对文化信息的有效传播产生负面的影响。为实现文化信息的有效传达，文物的文化信息传达，一般会以具体的信息符号和情感体验两种形式传递给参观者，随着展示方式的不断创新，原本静态独立的文物展示方式因信息片段化的不足，一般会利用其他光影、图文背景、出土环境等元素进行辅助展示，以便扩大参观者更大的想象空间，提高参观者对文物自身文化信息的更多解读，另外还有以文物为基础的静态式展陈方式进一步延伸出场景复原。

二是动态交互式。动态交互式的展示方式，是以电子与信息技术发展为基础。信息技术的发展极大地改变了现代人的信息阅读方式，高清影音播放及智能终端设备的普及，也让原来普通的动态多媒体失去了吸引力，交互已经变得司空见惯。当 3D/4D 甚至 5D 技术还在设法抓取公众视觉注意力的同时，具有突破性的裸眼 3D 和 VR 虚拟体验已经快速普及。纵观博物馆动态交互技术的发展，虽在形式上不断突破，但在技术上仍然存在无法克服的缺点，比如 3D 裸眼技术的观看视角和尺度限制，VR 可穿戴装备存在佩戴舒适性的局限，这都让观众无法感受完美的体验，技术仍然还有很大的提升空间。

三是沉浸式。沉浸式体验的展示形式是多种媒体与技术的集成，主要以新媒体技术（new multimedia story telling）将静态图像（Picture）、动态影像（video）、声音（audio）和文字（literature）等跨媒体的有机组合，通过互动性、参与性来实现对某一特定主题内容的体验。沉浸式体验的显著特征是弱化"实物"强化"虚拟"。沉浸体验的展示方式一般分为"观者"与"角色"两种基本类型，"观者"是将多种媒体与参观者的感觉器官进行对接，参观者参观过程中被充分融入并带到有强烈主题的情景中去；而"角色"类的沉浸方式则是通过各类感应设备，充分发挥参观者的参与性，将参观者扮演成场景的主宰者。

提高博物馆文化信息的传播效率，需要丰富展示信息的呈现方式、打破传统单一的视觉体验、挣脱物理因素的束缚，将展示形式由单维度拓展到多维度，馆内的交互设计应更全面、更多样化地发展。由传统的"静态"为主转变为"动态"为主，由"被动接受"到"主动参与"，由"隔屏观看"转为"身在其中"，使得观众在享受视觉带来愉悦的同时，还可以感受到同步的听觉、触觉等多方位、多角度的体验感受。在当下社会环境，博物馆文化信息的高效传达无不要依靠情景化的搭建，只有将孤立的信息放入恰当的情景中去，才能更加有利于观众对信息的吸收。而在技术引导下，无论任何类型的展示形式，其努力的方向都将集中到"情景化"上。正如技术对社会产生了无法逆转的影响一样，传播学大师麦克卢汉（Mcluhan）认为"博物馆想在当今媒体饱和的世界向广大观众提供身临其境的沉浸式体验，那么就需要理解并接受21世纪的媒体技术"。

第三章

博物馆参观者的真实需求

当下社会的物质进步催生了大量的欲望，而欲望又会催生出大量浮夸虚假的"需求"，永无止境的欲望与需求成就了当下繁荣的商业社会，也让人们开始反思究竟什么才是当下人最"真实"的需求。而被商业包围的博物馆，能否创造出满足公众真实需求的文化产品呢？

第一节 博物馆消费的真实需求

对于历经社会发展巨变的"60后""70后""80后"们，物质条件与社会风气的变化对其消费需求带来的影响是深有体会的，虚假与过度消费的现象在日常生活中随处可见，即使是新成长起来的"90后""00后"年后的新新人类，在被享乐主义包围的当下，也存在着大量虚假性的消费需求。尽管如此，不同时代人的需求都会受社会综合环境的影响存有鲜明的特征，而最近几十年公众需求变化的特征总体上呈现出了"从追求便利性、可靠性到低价格，然后发展到追求产品品质，最终走向了对真实情感体验的追求"，形态上也逐步从具体的"物品"逐渐转化为相对虚拟的服务产品。正是这种需求的变化，为以提供文化消费产品为使命的博物馆提供了良好的发展契机。

博物馆作为文化消费的公共场所，虽然在当前的体制下尚无经济方面需要盈利的压力，但从整个国家管理体制改革的方向看，实现事业单位的企业化、市场化运营已经成为一种趋势，因此优化博物馆的运营管理，研究公众的"真实需求"便是摆在博物馆经营管理者面前的迫切问题，即便只是从发挥公共事业单位服务公众的职能角度，对公众"真实需求"的研究也有重要的现实意义。那何为"真实"需求？其又有怎样的特征？

"真实"是来自使用者心中真实的情感呼唤，除产品功能外，"真实"的衡量标准即在于对一件产品是否是发自内心喜欢，对服务型产品而言，"真实"性则更多指的是消费者的"情感体验"，即被深深感动的心理状态。比如参观博物馆，不一定非要在参观过程中学到多少具体的文化知识，更重要的是整个参观过程中的美好体验，而事后对博物馆的参观过程是否能够给人留下美好的回忆，这便可以作为判断博物馆消费需求真实性的标准，如果参观过程留下的尽是糟糕回忆，那至少能够在很大程度上说明之前的参观需求并不是，或者并不完全是"真实的"需求。从对公众生活影响的视角看，这种参观活动并不是生活"必需"品，然而正是这种非"必需"的消费品，才会在"真实"性上影响公众对博物馆的消费需求。馆方要为之努力的便是通过怎样的手段，打造符合公众真实需求的文化产品。

第二节　公众博物馆消费的需求分析

2016 年，微软公司在加拿大开展了一项研究，发现人类的注意力持续时间已经从 2000 年的 12 秒减少到 2016 年的 8 秒，还不如一条金鱼。如今我们身处一个信息爆炸的时代，时间碎片化和文化消费的快餐化成了这个时代的显著特征，在这种环境背景下，以往通过参观展览获取具体文化知识的可能性正变得越来越小。网络媒体的丰富性、普及性与智能化锻炼了我们频繁在不同媒体与信息之间进行快速切换的能力，公众新型的生活方式也在改变着博物馆传统展览对公众的价值，一方面无法逆转的虚拟化趋势正将以实体展示为特色的博物馆经营置于一种被边缘化的境地，另一方面各地耗费巨资建成了气势宏大的博物馆建筑，成了大量旅游者争相奔赴的网红打卡地，博物馆对公众的价值更多停留在了照片取景的背景，公众参观活动过程中将大量的精力用在了拍照取景和姿势表现上，参观活动变成了走过场，这显然不是博物馆对公众应有的价值。

从博物馆自身的发展看，博物馆的服务对象已经从原来的"观众"变为了"公众"。博物馆的定位已从展览转向了包含教育及社会服务等多元功能。当下公众对博物馆的需求正处在一种相对更加柔性的状态之下，博物馆对公众的意义也不再像往常那样仅仅局限在"观展"的行为上。消费观念和社会综合环境的变化使得公众对博物馆的"真实"需求不再具有以往那样的清晰逻辑，明确的参观动机与随机性并存，主要表现为以下几个方面。

一、直接的知识获取

长期以来博物馆公众服务的重心一直聚焦在如何为公众的参观活动提供更加周到优质的服务，在很长一段时间内，"免费开放"成为各类博物馆落实扩大服务公众的主要方式，而事实上公众对博物馆的消费需求已不再仅仅是一顿"免费午餐"那么简单，其他更加专业的文物鉴赏、深度阅读等已成为当下公众对博物馆提出的新需求。

相比以往，相对专业和深度的文化研究并不只是来自极少数个别的业余研究爱好者，公众文化素质的提升使其对博物馆的文化消费有了更进一步的消费需求，这主要由社会经济文化发展的积累速度决定的。在大量城市特别是一二线城市，经过几十年的发展，公众在经济文化方面已经完成了良好的积累与沉淀，原来小众化的深度阅读与研究正在逐步扩大化，这正是当下公众对博物馆消费需求的新变化。对博物馆而言，公众的深度阅读主要针对博物馆特有的文化图书资源，因为博物馆馆藏的大量读物与普通综合性图书馆存在很大不同，虽然博物馆藏书的总量不大、面也不广，但专业而集中，主要围绕文物、考古、博物馆学及其密切相关的资料进行收藏。从这方面来说，博物馆收藏的图书资料具有独特的个性和优势，它的专业性、系统性和针对性是公共图书馆很难做到的。然而我国大部分博物馆由于管理机制的原因，其馆藏资源很少对外开放，这与国外大量博物馆的资源开发有所不同，国外大量博物馆能够像它们的文化公共服务机构一样与公众分享它的收藏成果。这种藏品开放的趋势目前已经成为中国博物馆进行公众服务改革的一种趋势。

2018年11月开始，广东省博物馆开放了为期一个月的公众阅读，仅仅一个月时间就有累计5万人次到馆阅读，这充分说明了社会公众对博物馆资源的强烈需求，博物馆服务公众的社会职能需要进一步往更广更深的方向发展。

二、日常生活的组成部分

博物馆在公众一般认知中总有一种令人仰视的文化地位与身份象征，而正是因为这种独特的属性会让公众与其保持某种距离感，经典文化与普通公众的心理鸿沟似乎存在于每一个人的基因中。当在博物馆看到古代帝王将相或皇亲国戚遗留下来的器皿、物件、书画等类似物品时，对工艺、审美及王权的赞叹便会油然而生，即便只是个普通的老物件，只要将其置于博物馆的橱窗，珍贵程度便会迅速飙升，似乎瞬间就能和经典文物画上等号，而正因这种特殊场域给人带来的认知偏向，导致博物馆提供的大量文化产品难以充分融入公众的日常生活。然而依据最新博物馆发展的定位与价值的体现，未来博物馆发展的终极目标必然是服务于公众的日常生活。

因此讨论博物馆服务公众的问题，必须设法让博物馆能够以一种更富亲和力的方式与公众发生关系并充分融入公众的日常生活。其中"休闲"便是博物馆服务公众与公众追求文化消费之间的一个连接节点。过去亚里士多德曾将"休闲"誉为"一切事物环绕的中心"，"科学和哲学诞生的基本条件之一"。而当下社会技术环境的发展，公众学习生活方式的改变正在让这一场景逐渐变为现实。因为信息泛滥与时间的碎片化正引导着人们逐渐习惯于以"休闲"的方式进行学习与生活，这区别于传统课堂对个体的学习作用，具有更大的推动力，当然严格意义上两者存在本质的区别，并不能完全以"休闲"取代正式的课堂学习。

另外博物馆服务公众日常生活的途径和方式也正在突破以往文物储藏和主题展览的有限范围，正如贝聿铭所说："公众对博物馆的兴趣最近提高得如此之快，使得博物馆变得比'艺术贮藏室'的意义广泛得多。"在西方发达国家有些博物馆的公共空间被赋予了大量与公众生活紧密相关的新功能，如文化集会、音乐会、鉴赏会、时装发布会、颁奖典礼等，同时餐厅、咖啡吧、休闲阅读空间等也成了博物馆对外服务的新内容，还有其他各种绘画、雕刻、制陶的体验与学习也是博物馆服务公众比较常见的功能。因此，未来博物馆服务公众的更多可能性必然是设法满足公众"日常生活中"的各类"真实"需求。

三、定向的情感体验消费

博物馆的常设展作为综合而系统的展览，其内容相对更加稳定，它在很大程度上诠释了某一主题的文化传统与知识体系，这种内容的选择和展示形式常常具有教科书式的稳定性与严肃性，然而公众日常需要的文化消费产品显然与之不能等同，这就需要博物馆在现有文化资源基础上通过策划与制作，共同谋划带有特定主题、贴近生活的专题展览，即常说的"特展"。很多博物馆也会将特展作为博物馆阶段性研究成果的呈现方式，是博物馆通过展览拉近公众与博物馆距离、服务公众文化消费需求的具体体现。

首先，"特展"依靠鲜明的主题，能够打破公众对博物馆长期以来形成的刻板印象，无论是经典文化特展还是极受百姓欢迎的生活用品展，频繁展览活动的本身即能形成一种活力与新鲜感并存的吸引力，而这正是影响公众进行博物馆消费的基本前提。

其次，特定主题的"特展"是满足公众文化消费需求的完整产品，公众对文化产品的"真实"需求来自内心对情感体验的渴望，此处"真实"文化产品的定义不完全等同于物品的真实性，更多强调的是基于真实物品之上的"真实情景"。而"真实情景"的建构有时恰恰需要并不真实的手法来夸大场景的特征，以便最终达到"真实"情感体验的最终效果。

最后，博物馆中超越"真实"的场景，能够创造出超越其他媒体形式的高峰体验。"高峰体验"，是一种让人"感受到一种发自心灵深处的战栗、欣快、满足、超然的情绪体验"。场景复原作为博物馆中的常见展项，它能给参观者在情感体验上带来比其他展馆更强的信任感，这是公众参观博物馆时基于对博物馆属性认知基础上的自然反映，这种由公众自身自然产生的心理暗示与真实场景共同构成的体验感是其他任何媒介与技术所无法比拟的。

中篇　研究篇

博物馆的发展源于个体而终于个体

博物馆的功能、价值与使命

必然体现在公众的消费体验与获得感

展览如何影响公众的博物馆消费

公众的博物馆消费存在怎样的需求

在内容与形式、行为与效果之间

是文化信息能否实现有效且高效的传达

第四章

博物馆文化信息传达的效能分析

博物馆文化信息的有效传达是内容策划与展示形式共同作用的结果，良好的内容策划是吸引参观者到访博物馆的基本前提，良好的形式设计则是吸引观众参观行为产生的第一要素。本研究以侵华日军南京大屠杀遇难同胞纪念馆为研究对象，在系统梳理分析展馆展示内容的基础上，将展示形式与部分内容的属性对参访者行为的影响进行了系统的统计学分析，为博物馆文化信息传达的效能评估提供理论依据。

第一节　博物馆信息传播研究的理论基础

博物馆作为人类文化信息储存、研究、展示的平台，追求的最终目标是与公众分享人类文化发展的成果，最大限度地传播人类文化的信息。从信息传播的角度看，博物馆既是文化信息交流的平台，也是文化信息传播的重要媒介，纵观传播学领域的相关研究，"媒介环境学"研究的符号、媒介和文化，它们彼此之间错综复杂的关系"，最适合解释博物馆在文化信息传播方面的价值和意义。

　　现代传播学发展过程中，媒介环境学起源于 20 世纪 50 年代的加拿大多伦多和美国纽约的学术中心，目前与占主导地位的"经验学派"和"批判学派"构成了三足鼎立的格局，媒介环境创始人为伊尼斯（Harold Adams Innis），后经麦克卢汉（Marshall Mcluhan）将其发扬光大，20 世纪 60 年代"媒介环境学"专用术语正式产生，1998 年媒介环境学会（Media Ecology Association，简称 MEA）正式在纽约的福特汉姆大学宣告成立，斯特雷特担任首届会长。而根据媒介环境学家波兹曼（Neil Postman）对"媒介环境学"的相关论述可以看出"媒介环境学主要研究传播技术控制信息传播以及如何影响人们的感知结果、态度与价值观"，对于传播技术，波兹曼在《教育的终结》一书中曾对技术的认知提出了十个方面的相关命题：一、所有技术的变革都会引来人们的盲目崇拜，每一项先进新技术的产生都会有它的不足和缺陷；二、新技术的优点和缺点永远不会平均分配到每个人，总会有一些人从中收益，而有些人受害；三、嵌入到技术内的东西都是一种强有力的思想，或多或少，就像语言的融合，一项技术倾于让我们在某个视角肯定某种价值而把其他的放到从属地位，技术作为一种哲学观，它影响着人们的思想、行为、世界规则，它在某些方面强化我们的感知，在某些方面又忽视我们情感和智慧的倾向；四、一种新技术通常是对旧技术发起的挑战，它在时间、注意力、金钱、声望和"世界观"方面同旧技术竞争；五、技术变革不是简单的叠加性，它是生态性的，一项新技术并不是仅仅增加了什么，它在改变着一切；六、由于信息编码的符号形式不同，不同的技术有不同的思想和情感偏向；七、由于信息容的获取速度和可获得性不同，不同的技术有不一样的政治偏向；八、由于技术的物质构成形式不同，不同的技术有不同的感知偏向；九、由于我们注意到技术的存在环境不同，不同的技术有着不同的社会偏向；十、由于技术和经济结构不同，不同的技术有着不同的内容偏向。在波兹曼看来，技术媒介在控制信息传播的过程中，还会影响到人们的价值观和态度。

在波兹曼提出的这十个命题当中，其中技术能够对人和社会产生深刻的影响。不同技术有不同的思想和情感的偏向，不同的感知偏向以及不同的内容偏向，博物馆作为文化信息传播的综合平台，其在展示形式上包括传统平面、新兴媒体、场景复原等多种不同传播媒介，而媒介本身、特别是当下兴起的新媒体技术必然会对博物馆的内容设置、观众感知和情感体验等产生不同的偏向，进而会影响观众的参观行为，因此研究博物馆中的文化信息传播效率问题，必然离不开对展示形式的研究与讨论。因为任何展示形式都是不同技术的外在表现，同时技术也为展示形式提供了根本支撑，即使是传统的图文展项，其背后也有因印刷技术的更新所带来的差异。因此把基于技术—媒介—信息与人之间的逻辑关系，借以讨论博物馆展示技术、展示形式、展示内容以及观众行为之间的关系（如图 4-1 所示），两者存在着明显的对应关系。

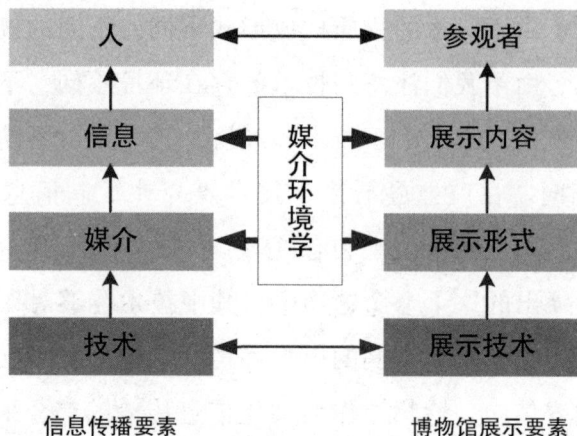

图 4 - 1　信息传播要素与博物馆展示要素间的对应关系

在这组影响信息传播的要素中，技术的基础性作用是媒介环境学关注的焦点问题，就大众传播与博物馆文化信息传播的关系来看，其中心问题和终极目标都是围绕信息如何有效传播展开的，因此媒介环境学构成了博物馆文化信息传播的理论基础。

第二节　研究思路与框架

"深度了解影响博物馆文化信息传达效率的影响要素"，研究采用行为观察法对博物馆参观过程中的若干问题进行深度分析。相比其他研究方法"行为模式观察的基本原则是尽量不要对观众的自由参观造成影响，以便记录观众在无干扰情况下的自由行为'尽管行为模式观察是各种观众评估类型中最耗人力和时间的方法，但只有通过大量数据记录，才能全面了解观众在展览中的真实行为，也只有通过这种方式，才能对展览的具体内容和展项细节的实际情况做出详细分析'"。

项目以侵华日军南京大屠杀遇难同胞纪念馆为例，系统梳理了当代博物馆内容展示的基本框架与展品展示的主流形式。提出了影响文化信息传达效率的关键性指标，建构出博物馆文化信息传达有效性的评价体系，研究涉及的内容与参考变量如下。

一、主要参考变量

本研究主要参考变量包括：展馆参观总时长；展馆参观次数；展示形式停留时长；展示类型停留时长；单个展项停留时长；参观者态度；展项面积大小；展项环境照度；展项区位位置；展项适宜停留度；展项内容刺激性。

二、变量分类

依据博物馆文化信息传达的基本原理，将所有影响参观者行为的变量分为以下五种基本类型，以此作为后续统计分析的基础。

1. 展示形式：传统图文、图文 + 实物、版面视频、影音播放厅；实景复原、艺术 & 设计复原，类型为潜在变量。

2. 展示内容：内容的刺激性。

3. 空间环境：区位位置、环境照明。

4. 展项：面积大小、适宜停留度。

5. 参观者：参观态度、年龄、性别。

三、研究方法与思路

以参观者行为观察的数据为基础，通过统计学分析各变量之间的内在关系，主要从客观因素（展示内容、形式设计、展项属性、停留时长）与主观因素（参观者的参观态度、年龄与性别）两个方面讨论参观者参观行为与博物馆展示形式与内容之间的内在关系（如图 4 - 2、4 - 3 所示），统计学分析的思路如下：

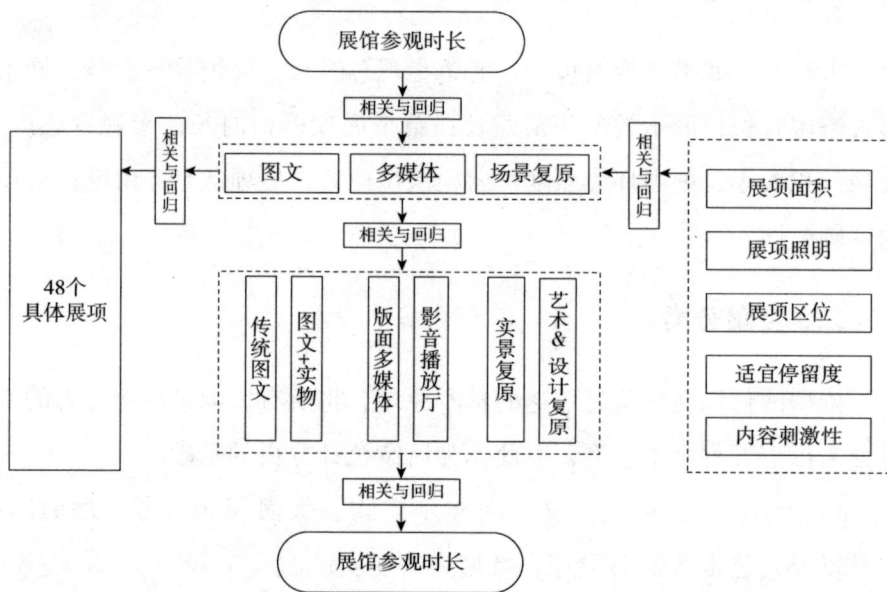

图 4 - 2　客观条件对参观者行为的影响（图片来源：本研究绘制）

1. 以总体停留时长为因变量，以 3 个潜在变项、6 个解释变量为自变量进行相关与回归分析，探析造成参访者停留时长的核心原因。

2. 以 3 个展示形式（图文、多媒体与场景复原）为因变量，以展项的五个基本属性为自变量进行相关与回归分析,探析不同展示形式中影响参观行为的主要属性。

3. 以 3 个展示形式(图文、多媒体与场景复原)为因变量,以 48 个具体展项为自变量进行相关与回归分析,探析具体展项在参观时长方面存在的共性和趋势。

4. 以不同参访群组(性别、年龄、组织形式、观看态度)为调节自变量,在总体停留时间和展示形式之间,探索参观者的主观因素是否对其有调节作用。

5. 在参观者基本属性(年龄与性别)、展示形式与参观时长之间进行 T 检定,分析不同参观者在参观时长和不同展项形式面前的参观行为是否存在显著差异。如有差异,则存在怎样的差异。

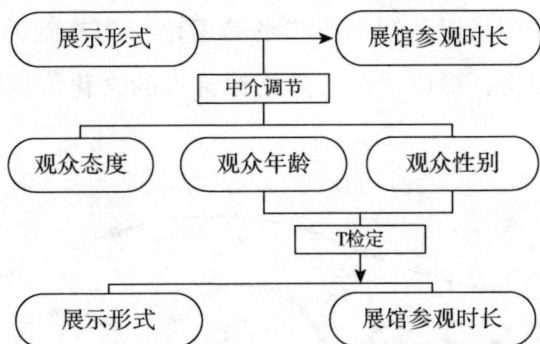

图 4-3 主观条件对参观者行为的影响(图片来源:本研究绘制)

35

第三节　博物馆文化信息传达的路径分析

理论来源：认知学派的代表人物托尔曼（E. C. Tolman）认为，所谓认知并不是个别的感知和部分的知觉，而是对含有格式塔心理学所说的形态知觉这种更大的整体性的认识。也就是所说的"场的理论"，它重点强调的是认知过程中的认识对象所处的环境，而不仅仅是对象本身。博物馆作为以综合环境为认知平台，具体展品为展示对象的文化场域，文化信息的传播是展品与展馆综合环境共同作用的结果，文化信息的传播过程正是参访者对展馆及展示对象的认知过程，因此博物馆文化信息传播的路径即是以认知学派"场的理论"为基础的，结合体验实现过程的相关理论，形成了具有博物馆特点的文化信息传播路径（如图4-4所示）。

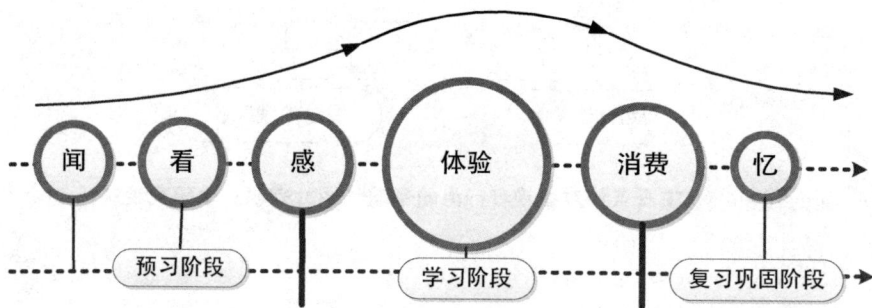

图4-4　博物馆文化信息传播的基本路径（图片来源：本研究绘制）

博物馆文化信息传达的过程整体上可分为6个阶段：第1阶段为信

息获取阶段,即"听闻",也就是获取博物馆的基本信息,信息渠道即可以是传统媒体,也可以是数字网络媒体等其他任何形式。第 2 个阶段为了解阶段,即"看",要真实地走近博物馆,通过博物馆的室内外环境及基础设施,完成对博物馆的初步了解,形成对博物馆的基本认知,同时获取少量间接的文化信息,这种信息或是模糊的,不确定的,但是却是参访者最初的心理感受,为进一步的文化信息获取与感知奠定了良好的基础。第 3 个阶段为感知阶段,即"感受",指参访者由视觉反映到内心感知的过程,主要通过展馆的内部环境及所提供的一系列服务完成,特别是针对文物内容的讲解服务。第 4 个阶段则是全面的体验阶段,这个过程通过各种展示形式反复刺激参访者的各种感官,使参观者沉浸在展品和空间环境当中充分感受并理解博物馆的展示内容。第 5 个阶段为消费阶段,这也是当下博物馆在原有功能基础上,为满足公众需求和自身可持续经营而延伸出来的新功能,即通过提供多元化的服务来为博物馆的运营提供支持。而最关键的是,参访者通过在博物馆中的各种消费行为,能够加深对博物馆文化信息的深刻记忆。第 6 个阶段为回想阶段,即"忆",主要是在离开博物馆后,通过对博物馆参访过程、消费活动或文创产品激发参观者对展馆相关文化信息内容的回忆(如图 4-4 所示)。

如果将博物馆文化信息传播的过程看作一个完整的学习过程,第 1—3 阶段(听闻、看见、感知)属于预习阶段,而体验和消费的过程则属于学习阶段,最后对参观活动的回忆属于复习巩固阶段(如图 4-4 所示)。这在总体上与人的学习行为相对应,是有别于传统正式学习方式的另一种表现形式。

第四节　研究内容与研究设计

　　侵华日军南京大屠杀遇难同胞纪念馆总占地面积 10.3 万平方米，建筑面积 5.7 万平方米，展示面积达 2 万平方米。分布有 7 处广场、23 座单体雕塑和一座大型组合雕塑、8 处各种形式的墙体、17 座各种造型的碑体。

　　展馆含侵华日军南京大屠杀史实展、"三个必胜"主题展、"二战中的性奴隶——日军'慰安妇'制度及其罪行展"等三个基本陈列馆，本课题以史实馆为研究对象。博物馆馆藏了大量的文物、照片、历史证言、影像资料、档案以及遗址等，对大屠杀事件的历史真相做了完整系统的阐述与展示，根据大屠杀历史事件发生的过程，馆方将内容总体分为 18 个主题（如图 4 - 5 所示）。

图 4 - 5　侵华日军南京大屠杀遇难同胞纪念馆
内容分布（图片来源：展馆官网）

一、展馆内容的系统梳理

18 个展示主题从多个维度和视角展示了南京大屠杀事件的全过程，具体内容如下：

（一）档案墙

10000 多个有关南京大屠杀的个性化档案资料，分别是幸存者、死难者以及第三方证人的档案文件。展项位于展馆入口通往底下展厅的通道一侧，档案加上放满的档案资料盒形成了强烈的重复感，同时利用错层的挑高空间，进一步放大了空间的张力，联想到在大屠杀事件中有如此多的遇难者，即使在行走过程中依然会给人心理带来很沉重的情绪（如图 4-6）。

图 4-6 档案盒重复构成的档案墙体（图片来源：展馆官网）

（二）12 秒空间

"12 秒"流星装置寓意生命如繁星，每隔 12 秒就有一颗流星从高空坠落。在南京大屠杀期间 30 多万同胞在六周内被屠杀，如用秒来计算，每 12 秒就会有一条生命消失。在幽暗转角处的 Led 多媒体播放器，在高处坠落的星星中间闪烁的是一个个遇难者的姓名，伴随着水滴落水的声音，不免让人叹息转瞬即逝的生命（如图 4-7 所示）。

图 4-7 流星多媒体装置（图片来源：展馆官网）

（三）历史的凝视——南京大屠杀幸存者照片墙

序厅的周围是南京大屠杀幸存者的照片墙，共展出 1213 张照片。左右两边对称排列的 1113 张是已经离世的幸存者的黑白照片，而后面墙上对称排列的 100 张于 2017 年 9 月 30 日登记在册的在世幸存者彩色照片，仿佛他们仍然在凝望着这段历史，宏大的空间与密集的图片形成了强烈的对比，让人想起大屠杀事件中无数遇难者同胞（如图 4-8）。

图4-8 宏大空间与密集照片展项（图片来源：展馆官网）

（四）空袭南京

展示了日本发动全面侵华战争后，以空袭方式对南京的进攻。在轰炸中，日机将一枚枚重磅炸弹在中央医院、下关电厂等地落下。图文表现了一位老人怀抱着被日军飞机炸死的孩子，表情痛苦又无助（如图4-9）。

图4-9　日军空袭南京（图片来源：展馆官网）

（五）血战光华门

　　场景复原了光华门血战的场景，双方拉锯式的战斗中，城门屡遭日军炮击，三次被炸穿，又迅速被守军填堵，并组织有力的反击。经几日血战，终将这股突入的少数日军全部歼灭，再度保住了城门。12日傍晚，守城部队接到命令撤退。13日凌晨，日军占领光华门（如图4-10）。

图 4 – 10　采用等比缩小模型再现了日军进攻
南京的惨烈场面（图片来源：展馆官网）

（六）长江边的屠杀

这处情景由日军在江边屠杀南京难民的照片、中山码头集体屠杀遗址出土的遇难者遗物、集体屠杀使用的机枪以及日军焚尸用的铁桶等组成，用六位长江边大屠杀幸存者的证言来呈现这段历史，辅以半景的船、清冷的"月光"、江水翻涌的声音等，为观众还原了长江边屠杀的场景（如图 4 – 11）。

图 4 - 11　采用等比缩小模型与图文再现了日军
屠杀的场景（图片来源：展馆官网）

（七）坑埋遗址

"黑匣子"里展示了 23 具南京大屠杀死难者遗骸，遗骨坑的顶部有个巨大的洞口，当太阳升起，洞口形成一道天然光束照射进来，仿佛"苍天有眼"，将深埋半个多世纪的事件真相大白于天下。在"黑匣子"的四周，还镌刻了包括江东门在内的日军屠杀地点地名和死难者名单，表达了对逝者的哀悼和尊重（如图 4 - 12）。

（八）性暴行

据战后远东国际军事法庭对南京大屠杀案审理后确认："被占领后的第一个月中，南京城里就发生了将近 2 万起强奸案，展示了部分屠杀期间的场景图片和文字资料。"本展项以图文与模糊的视频内容真实记录了大屠杀事件过程中日军的恶行和中国人民受到的屈辱（如图 4 - 13）。

图 4 - 12 真实让人窒息的掩埋场景（图片来源：展馆官网）

图 4 - 13 图文和视频展示的性暴行（图片来源：展馆官网）

（九）抢劫和纵火

展板上既有日方自己拍摄的照片，也有外籍人士镜头记录。破坏、焚烧后的南京满目疮痍，曾经繁华的夫子庙、太平路、中山路、下关等地已被日军完全焚毁。真实记录了日军破城之后进行的烧杀抢掠等百般恶行（如图4-14）。

图4-14　纵火与抢劫（图片来源：展馆官网）

（十）历史的证言——观影区

展示形式为影音播放厅，这里展示的是几组受害者与加害者相互佐证的视频证言。随着时间的流逝，受害者们逐渐远去，但历史永远伫立，虽然影片清晰度不高，但在前面观看内容的基础上，每个镜头和场景都能深深触痛观看者的心灵，从中可以看出"真实"并非只会来自视觉的反映，更多来自心灵的共鸣（如图4-15）。

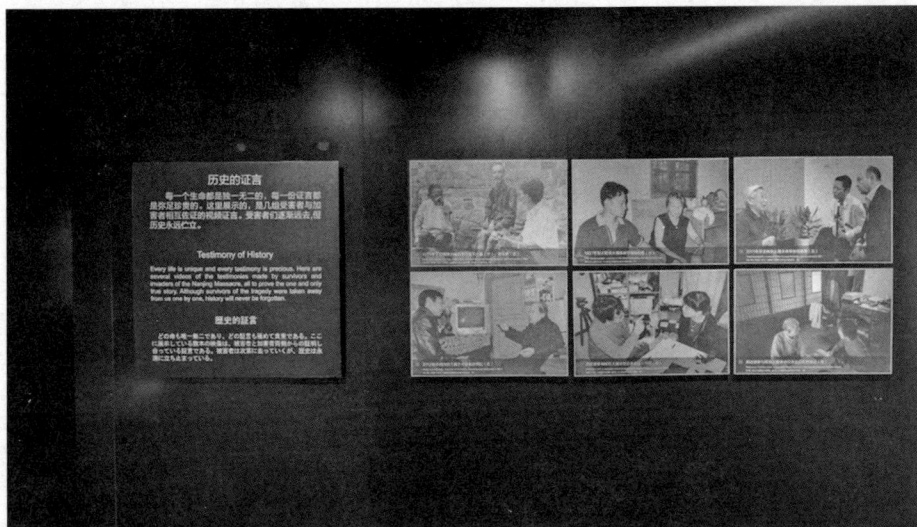

图 4 - 15　影音播放厅的历史证言（图片来源：展馆官网）

（十一）拉贝：南京难民的"活菩萨"

展示形式为半场景复原，拉贝先生竭尽全力救助难民，他将位于小粉桥 1 号的住宅作为难民收容所，保护了 600 多位难民，是难民们眼中的"活菩萨"。国民政府在 1938 年授予拉贝先生采玉勋章，表彰其救助中国难民的义举（如图 4-16）。

图 4-16 外籍人士的救助行动之拉贝先生（图片来源：展馆官网）

（十二）鼓楼医院医护人员：全力救治难民

鼓楼医院是南京创办最早、规模最大的教会医院。南京沦陷前夕，5 位美籍医护人员与一些中国同事约 20 多人留在医院，夜以继日地救助遭日军施暴的重伤者（如图 4-17 上）。

（十三）魏特琳：妇女和儿童的"守护神"

雕塑为明妮·魏特琳女士，任教于金陵女子文理学院，南京大屠杀期间，金陵女子文理学院成为妇女和儿童的庇护所，高峰时达一万多人。魏特琳多次张开双臂挺身在前，"像抱窝的老母鸡带小鸡一样保护着"难民。由于长时间精神高度紧张，魏特琳得了严重的精神抑郁症，回美国后在家中打开煤气自杀。她留下遗嘱："如果我还有一条生命，仍然会为中国人服务"。（如图 4-17 下）

图 4 - 17　鼓楼医院的救治行动与魏特琳的善行（图片来源：展馆官网）

（十四）辛德贝格、京特：庇护江南水泥厂

由丹麦人辛德贝格、德国人京特共同管理的江南水泥厂难民收容所，他们利用德、丹两国国旗，先后庇护和收容了 2 万名难民，日军大屠杀过程中大量外国友人向中国人民伸出了救援之手（如图 4 - 18）。

图 4 - 18 图文展示了大屠杀过程中德国人
的救援行动（图片来源：展馆官网）

（十五）约翰·马吉——观影区

这是留存至今有关南京大屠杀的唯一动态画面，播放了两部影片：一部是 3 分钟的约翰马吉儿子大卫马吉回忆父亲的纪录片《马吉的证言》，另一部是 10 分钟的反映中外人士人道主义救援的《人性之光》纪录片（如图 4 - 19）。

**图4-19 影片展示了外国友人的
救援行动（图片来源：展馆官网）**

（十六）战后审判场景

东京审判，展示了远东国际军事法庭于1946年在日本东京对东条
英机等28名日本甲级战犯的审判资料和图文。南京审判，展示了1946
年在南京的审判事迹，法庭对南京大屠杀惨案进行了调查，取证。其中
对集体屠杀和零星屠杀人数进行了认定，被害总数达30万人以上（如
图4-20）。

图 4 - 20　图文展示了战后对日军的一系列

审判活动（图片来源：展馆官网）

（十七）夏淑琴的证言——幻影成像

南京大屠杀幸存者夏淑琴一家的遭遇是日军在南京暴行的典型案例，通过幻影成像的方式进行呈现，让尘封的历史可以永远鲜活地展现在子孙后代的面前（如图 4 - 21）。

图 4 - 21　交互视频的方式展示亲历者的

惨痛记忆（图片来源：展馆官网）

（十八）祈愿空间

一处摆放了和平钟，通过引入室外的一束光明，让人祈祷未来再也没有杀戮，只有光明与和平。（如图 4 – 22）

图 4 – 22　祈愿空间（图片来源：展馆官网）

以上为整个展馆的大致内容，基于展示形式的差异和参访者的参观行为。为研究内容形式与参观者行为之间的关系，此次研究根据展示内容和展示形式的特点将其分为 10 个展区，48 个独立展项的名称与内容（如表 4 – 1，图 4 – 23 所示）。

表 4 - 1　纪念馆展示内容的再分类与主要内容

序号	标题	内容	序号	标题	内容
1	档案架	大屠杀事件的档案资料	25	性暴行 2	被害者口述日军的暴行
2	流星	寓意每 12 秒有一个生命消逝	26	抢劫 & 纵火	再现了日军烧杀抢掠的恶行
3	幸存者	黑白与彩色的幸存者照片	27	土罐记忆	从各屠杀点采集的土壤
4	铁书名录	18 本 1 万多个死难者的名字	28	历史证言	亲历者讲述了日军的兽行
5	南京城门	扭曲的城门象征大屠杀开始	29	人道主义援救	国外大量人士对群众的救援
6	前言与进犯	大屠杀事件的基本概况	30	拉贝雕塑	拉贝先生写日记的场景
7	进犯南京	介绍进犯南京的路线动画	31	拉贝事迹	拉贝工作的具体内容与场景
8	大轰炸	惊慌失措的母亲带着孩子	32	魏特琳	以魏特琳为代表的外国义士
9	街头场景	轰炸后被破坏的房屋和街道	33	魏特琳雕塑	魏特琳保护中国百姓的场景
10	迁都难民潮	迁都武汉过程中的情形	34	马吉纪录片	外国友人为南京人奔波
11	军力对比	中日两国军力上的对比	35	国际记录	国内外人士救助难民的事迹
12	南京保卫战	日军进攻南京的整个过程	36	世界事实	各国对大屠杀的报道
13	保卫战视频	动画视频展示了南京保卫战	37	屠杀后的南京	屠杀后日本对南京的统治
14	大轰炸	介绍了日军破城的真实场面	38	掩埋死难者	大屠杀后掩埋尸首的情况
15	大屠杀	描述了屠杀的惨烈场景	39	掩埋死者	当事人掩埋尸体的过程
16	搜捕视频	介绍了搜捕中国人的场景	40	劫后余生	大屠杀后百姓的艰难生活
17	长江屠杀	再现了江边屠杀的具体场景	41	战后调查	对战后日本罪行的调查活动
18	城墙郊外屠杀	城墙边与郊外被杀的老百姓	42	军事法庭审判	战后对日本的审判活动
19	万人坑	惨烈的大量尸骨场景	43	证人证词	展示了大量的证人和证词
20	屠杀地点	各屠杀点血腥而惨烈的场面	44	交互证言	互动展示了亲历者的回忆
21	屠生佛	巨幅油画展现了大屠杀	45	记忆与和平	当前纪念和平的系列活动
22	大师访谈	大师描述了事件发生的情形	46	公祭日	习主席主持的公祭日活动
23	大屠杀/百人斩	再现了屠杀百姓的惨烈场面	47	前事不忘	铭记历史追求和平的标语
24	性暴行	被强暴的凄惨场景	48	和平墙	告诫世人珍惜和平的结语

图 4-23 博物馆 48 个展项的展示形式（图片来源：本研究整理）

二、调研过程与数据整理

在前期展馆内容分析基础上，根据展馆具体的空间维合情况，为方便观察过程中的数据记录，将展项根据展区进行二次编号，同时将参访者的个体信息及展馆调研当日的排队情况等进行记录（如附件 1 所示）。

调研采用行为观察法对参访者进行随机行为观察，从展馆入口到参观结束，记录参访者在参观过程中的两组关键数据，其一是在每个展项前面停留的时间，同时观察参访者的参观态度，调研当天形成调研日记用来作为进行质性分析的材料。其二是记录参访者对 48 个展项的参访顺序，通过参访者的行走轨迹，分析展馆位置对参访者参观行为的影响，数据收集过程中特别注意以下几个方面的问题。

1. 观察对象的选取，选择不同年龄段，不同组织形式的参观者进行行为观察（如单独参观，团队参观，2 人一组或 3 人一组）。

2. 参访人员的性别和年龄段，对参访者的年龄段进行判断，将其概括为中小学生、大学生、工作人员、中年人、老年人等几个显著群体。

3. 跟踪过程中采用隐性的方式对参访者进行行为观察，尽可能避免让被跟踪对象发现而影响到他的自由参观，为了防止观察者与被观察者之间产生纷争，行为观察前由研究单位出具研究证明以获得馆方和参观者的支持与理解。

4. 时间段分布，调查过程中涵盖了工作日中的每一天以及双休节假日，能够全面反映不同时段的参观情况。

5. 人流量情况的控制，调查选择在不同人流量的情况下进行观众行为观察，以便获得多种情况的样本，真实全面地反映参观者的行为。

6. 研究者主观感受，行为观察过程中定时进行调研日记的撰写，宏观记录参观者的某些具体行为及观察体验，对一些共性问题进行深入分析。

　　整个调研过程历时 3 个月，行为观察过程是一个相对耗时耗力的过程，观察者进入展馆需要排队进行，由于展馆管理的需要不允许逆向行驶，一个完整的观察过程结束后需要重新排队进场，在观察过程中由于人数众多，常常会出现跟踪中途走失的情况，更有大量参观者的参观时间相对较长，展馆中的停留一两个小时的情况时有发生，这对行为观察者的耐心和毅力也是一项很大的考验，因此虽然数据收集的数量有限，但是耗时较长。

三、调研数据概况

　　通过对参观者的行为数据的整理和叙述统计，其调查的情况大致如表 4 – 2 所示：

表 4 – 2　纪念馆参观者行为观察情况的叙述统计（表格来源：本研究整理）

参观群体				
类别	频率	百分比	有效百分比	累积百分比
单独出行	85	28.7	28.7	28.7
2~3 结伴而行	211	71.3	71.3	100.0
合计	296	100.0	100.0	
性别				
类别	频率	百分比	有效百分比	累积百分比
男	166	56.1	56.1	56.1
女	130	43.9	43.9	100.0
合计	296	100.0	100.0	
年龄				
类别	频率	百分比	有效百分比	累积百分比
13~19 岁	61	20.6	20.6	20.6
19~35 岁	134	45.3	45.3	65.9
35~60 岁	65	22.0	22.0	87.8

是否周末				
60 岁以上	36	12.2	12.2	100.0
合计	296	100.0	100.0	
类别	频率	百分比	有效百分比	累积百分比
周末	212	71.6	71.6	71.6
非周末	84	28.4	28.4	100.0
合计	296	100.0	100.0	
时间分段				
类别	频率	百分比	有效百分比	累积百分比
AM9 – 11	99	33.4	33.4	33.4
AM11 – 14	105	35.5	35.5	68.9
PM14 – 16	92	31.1	31.1	100.0
合计	296	100.0	100.0	
排队情况				
类别	频率	百分比	有效百分比	累积百分比
人少	123	41.6	41.6	41.6
流量一般	99	33.4	33.4	75.0
拥挤	74	25.0	25.0	100.0
合计	296	100.0	100.0	

从以上基本信息的叙述统计可以看出，在调研过程中：参观者为男性有 166 人，占比 56.1%，女性有 130 人，占比 43.9%；参观人数方面，2～3 人结伴出行达到 211 人，占比 71.3%，单独出行达到 85 人，占比 28.7%；年龄分布方面，13～19 岁有 61 人，占比 20.6%，19～35 岁群体达到 134 人，占整体 45%，35～60 岁有 65 人，占比 22%，65 岁以上有 36 人，占 12.2%；参观时间选择方面，周末 212 次，占比 71.6%，非周末 84 次，占比 28.4%；时间分段方面，早上 9—11 点 99 次，占比 33.4%，11—14 点 105 次，占比 35.5%，14—16 点 92 次，占比 31.1%；排队方面，人少的情况有 123 次，占比 41.6%，流量一般

的有 99 次, 占比 33.4%, 拥挤情况有 74 次, 占比 25.0%, 每个变量单元的占比均在 5% 以上, 符合数据统计的要求。

四、总体信效度分析

研究根据前期量表得到的数据并在进行 10 分制转换完成再次进行信效度检验, 数据文件最终信度分析的结果显示, 其 Cronbanch'sAlpha 值为 .976, 远远超过了 0.7 的最小可接受范围, 整体信度良好。探索性效度分析的结果显示其 Kaiser – Meyer – Olkin 值为 .827 > 0.5, 同时 sig 显著性达到了显著水平, 公因子方差的范围为 0.449 ~ 0.786 (共同性) (如表 4 – 3 所示), 说明本研究整体上存有价值。进一步观察主成分分析的结果, 其大于 1 的标准值共有 13 项, 也就是说从 48 个变项中共萃取出 13 个主成分, 其总共能够解释 61.96% 的变异量 (如表 4 – 4 所示)。再从旋转成分矩阵的分析结果可以看出 13 个主成分所属的 48 个变量的分布情况 (如表 4 – 5 所示), 从本阶段的分析结果看, 本问卷总体上具有良好的信度和效度。

表 4 – 3　各变量共同性分析表 (表格来源: 本研究整理)

公因子方差								
题项	初始	提取	题项	初始	提取	题项	初始	提取
1T	1.000	.643	19T	1.000	.622	37T	1.000	.647
2T	1.000	.644	20T	1.000	.672	38T	1.000	.569
3T	1.000	.563	21T	1.000	.594	39T	1.000	.550
4T	1.000	.537	22T	1.000	.621	40T	1.000	.729
5T	1.000	.545	23T	1.000	.699	41T	1.000	.568
6T	1.000	.663	24T	1.000	.605	42T	1.000	.610
7T	1.000	.614	25T	1.000	.684	43T	1.000	.583
8T	1.000	.682	26T	1.000	.579	44T	1.000	.476
9T	1.000	.564	27T	1.000	.700	45T	1.000	.596

续表

公因子方差								
题项	初始	提取	题项	初始	提取	题项	初始	提取
10T	1.000	.625	28T	1.000	.500	46T	1.000	.661
11T	1.000	.582	29T	1.000	.670	47T	1.000	.580
12T	1.000	.574	30T	1.000	.725	48T	1.000	.611
13T	1.000	.643	31T	1.000	.630			
14T	1.000	.586	32T	1.000	.627			
15T	1.000	.761	33T	1.000	.662			
16T	1.000	.586	34T	1.000	.449			
17T	1.000	.786	35T	1.000	.584			
18T	1.000	.743	36T	1.000	.590			
提取方法：主成分分析								

表4－4　解释总方差（表格来源：本研究整理）

解释的总方差									
成分	初始特征值			提取平方和载入			旋转平方和载入		
	合计	方差的%	累积%	合计	方差的%	累积%	合计	方差的%	累积%
1	9.291	19.355	19.355	9.291	19.355	19.355	3.125	6.511	6.511
2	2.729	5.685	25.040	2.729	5.685	25.040	3.123	6.506	13.017
3	2.469	5.144	30.184	2.469	5.144	30.184	3.020	6.291	19.308
4	2.288	4.766	34.950	2.288	4.766	34.950	2.809	5.852	25.159
5	2.074	4.320	39.270	2.074	4.320	39.270	2.578	5.370	30.529
6	1.763	3.673	42.944	1.763	3.673	42.944	2.255	4.699	35.228
7	1.675	3.489	46.433	1.675	3.489	46.433	2.152	4.483	39.711
8	1.438	2.996	49.428	1.438	2.996	49.428	2.060	4.293	44.004
9	1.364	2.841	52.269	1.364	2.841	52.269	1.966	4.097	48.101
10	1.289	2.686	54.955	1.289	2.686	54.955	1.831	3.815	51.916
11	1.153	2.402	57.358	1.153	2.402	57.358	1.818	3.786	55.702
12	1.115	2.322	59.680	1.115	2.322	59.680	1.573	3.276	58.978
13	1.092	2.275	61.955	1.092	2.275	61.955	1.429	2.976	61.955
14	.998	2.080	64.034						
提取方法：主成分分析									

表4-5 探索性因素分析的13个主成分分布情况（表格来源：本研究整理）

旋转成分矩阵 a 成分

	1	2	3	4	5	6	7	8	9	10	11	12	13
29T	.761												
30T	.721												
31T	.665												
37T	.571												
36T	.499												
17T		.856											
15T		.803											
18T		.785											
16T		.587											
45T			.700										
42T			.681										
41T			.618										
46T			.568										
32T			.478										
23T				.707									
21T				.686									
20T				.603									
24T				.571									
26T				.502									
40T					.687								
8T					.657								
9T					.625								

续表

	1	2	3	4	5	6	7	8	9	10	11	12	13
5T					.509								
35T					.460								
44T					.411								
25T						.702							
22T						.614							
13T							.751						
34T							.551						
12T							.543						
28T							.444						
7T													
11T								.655					
6T								.623					
10T								.456					
27T									.670				
1T									.670				
47T									.446				
33T										.650			
19T										.648			
14T										.479			
39T											.683		
38T											.520		
4T											.432		
2T												.638	
3T												.636	
48T													.730
43T													.446

提取方法：主成分。旋转法：具有 Kaiser 标准化的正交旋转法。a. 旋转在 23 次迭代后收敛

从探索性因素分析的结果看，在同一个成分的展示内容具有相当程度的一致性，这种一致性既有内容方面的关联，也有形式上的区分（如表4-6）。比如主成分6/7是以多媒体展示形式的集合，主成分9/10是场景复原展示形式的集合；主成分3/8是以图文展示形式的集合，另外主成分1/2/4/7等展项形式也有非常高的集中度。从内容方面可以看出，成分1/3主要讲述国际社会与国际友人在大屠杀过程中对南京人民的救助；主成分2/4是从屠杀事件的两个阶段对大屠杀事件进行的描述，总体上各主成分内部基本都有较高的聚类性（如表4-6所示）。

表4-6　13个主成分在内容和形式上的一致性分析（表格来源：本研究整理）

类别	展项标题		共同点分析	展示形式
1	29T	人道主义援救	国际友人的国际援助和对屠杀史实的指证	B1 传统图文
	30T	拉贝雕塑		C2 艺术&设计复原
	31T	拉贝事迹		B2 图文实物
	37T	屠杀后的南京		B1 传统图文
	36T	世界事实		B1 传统图文
2	17T	长江屠杀	第二阶段的屠杀暴行和事件	B2 图文实物
	15T	大屠杀		B1 传统图文
	18T	城墙郊外屠杀		B1 传统图文
	16T	搜捕视频		A1 版面多媒体
3	45T	记忆与和平	国际社会追求和平的活动和战后和平	B1 传统图文
	42T	军事法庭审判		B1 传统图文
	41T	战后调查		B1 传统图文
	46T	公祭日		B1 传统图文
	32T	魏特琳		B1 传统图文

续表

类别	展项标题		共同点分析	展示形式
4	23T	百人斩	第一阶段的暴行和屠杀事件	B2 图文实物
	21T	屠生佛		C2 艺术 & 设计复原
	20T	屠杀地点		B1 传统图文
	24T	性暴行		B1 传统图文
	26T	抢劫 & 纵火		B1 传统图文
5	40T	劫后余生	对屠杀活动的具体描写和指控	B1 传统图文
	8T	大轰炸		C2 艺术 & 设计复原
	9T	街头场景		C1 真实场景复原
	5T	南京城门		C2 艺术 & 设计复原
	35T	国际记录		B1 传统图文
	44T	交互证言		A2 播放厅
6	25T	性暴行 2	以视频方式讲述了大屠杀的残暴场面	A1 版面多媒体
	22T	大师访谈		A1 版面多媒体
7	13T	保卫战视频	以视频播放厅的方式记录了南京保卫战及整个事件相关的历史史实	A1 版面多媒体
	34T	马吉纪录片		A2 播放厅
	12T	南京保卫战		B2 图文实物
	28T	历史证言		A2 播放厅
8	7T	进犯南京	大屠杀前夕有关南京的描写和中日两军的军事活动	A1 版面多媒体
	11T	军力对比		B2 图文实物
	6T	前言与进犯		B1 传统图文
	10T	迁都难民潮		B2 图文实物
9	27T	土罐记忆	以模拟实物的方式表达了大屠杀的凝重	C2 艺术 & 设计复原
	1T	档案架		C2 艺术 & 设计复原
	47T	前事不忘		C2 艺术 & 设计复原
10	33T	魏特琳雕塑	以复原真实场景的方式再现了屠杀活动的场面	C2 艺术 & 设计复原
	19T	万人坑		C1 真实场景复原
	14T	大轰炸场		C1 真实场景复原

类别		展项标题	共同点分析	展示形式
11	39T	掩埋死者	以动静两种方式讲述了大量已经死难者的情形，共同点是已经死去的人	A1 版面多媒体
	38T	掩埋死难者		B1 传统图文
	4T	铁书名录		C2 艺术＆设计复原
12	2T	流星	以一种非常密集的方式再现了大屠杀事件中的死难者	A2 播放厅
	3T	幸存者		B1 传统图文
13	48T	和平墙	以人和物两种形式证实了日本残暴的大屠杀行为	C2 艺术＆设计复原
	43T	证人证词		B1 传统图文

第五节　展示形式的分类假设与验证

一、展示形式的分类假设

为研究展示形式与观众参观行为之间的关系，在对博物馆展示内容分析的基础上，考察了48个展项在展示形式方面的差异，依据展示主题与展示形式对现有展项进行再次划分，可将展馆内的展项总体分为三大展示形式，6种基本类型，这也是当代历史类博物馆最主要的展示方式（如图4-24所示）。

1. 传统图文展项主要指通过展板形式，以平面化的方式呈现内容，具体内容均为图片与文字的混排。（注：如果展馆内的实物超过60%以上则认定为传统）

2. 图文实物则是将图文与实物混合展示的一种形式，在侵华日军南京大屠杀遇难同胞纪念馆中，实物的展示方式不同于一般综合性博物馆的文物展示，本馆的实物基本上以分组的形式出现，较少有独立的单个展品，展品实物在很大程度上与图文互为整体，或者是作为图文展示内容的物证出现。

在界定一个展项的属性是传统图文和图文实物时，最主要考虑的是在整体上看实物所占的比重和实物类型，如在展项中实物所占面积的比重超过展项的30%，则将其视为图文实物类，有关实物属性的考虑主要看实物的具体类型，如实物为报纸书籍或文件类，即使总的比重超过50%，仍然将其视为图文类展项。

3. 版面多媒体，主要指分布在图文展项中的视频媒体，这里将其称为版面视频，其作为扩大内容容量的一种展示形式，在很大程度上属于版面的内容。

4. 影音播放厅，主要指占据较大空间，能够以独立内容的形式进行呈现的多媒体展示方式。本馆内的互动多媒体只有一处（第44项：交互证言），由于数量比重较少，无法在结构效度考验中形成单独一类，此处将其归为播放厅类。

5. 实景复原，本馆特色的场景复原展项主要分为2类，实景复原主要指按照真实场景发生的效果再现当时的真实环境，含1∶1复原和较大的模型复原（如第9展项街头场景；第14展项大轰炸；第19展项万人坑）。

6. 艺术&设计复原，主要指以传统艺术和现代设计的手法表现的场景，包括写实性雕塑和油画作品，如第8展项大轰炸、第21展项油画作品屠生佛、第30展项拉贝工作雕像等。以设计手法塑造的场景复原如第27展项土罐、第5展项南京城门、第4展项铁书、第48展项和平墙等。

7进犯南京	13保卫战视频	16搜捕视频	22星云大师+屠杀	25性暴行2	39掩埋死者

2流星　28历史证言　34马吉记录片　44交互证言

3幸存者　6前言与进犯　15大屠杀　18城墙郊外屠杀

20屠杀地点　24性暴行　26抢劫&纵火　29人道主义援救　32魏特林与国外友人

35国际记录　36世界事实　37屠杀后的南京　38掩埋死难者　40劫后余生

41战后调查　42军事法庭审判　43证人证词　45记忆与和平　46公祭日

10迁都难民潮　11中日军力对比　12南京保卫战　17长江屠杀　23大屠杀　31拉贝事迹

9街头场景复原　14大轰炸场　19万人坑

1档案架　4铁书名录　5南京城门　8大轰炸　21屠生佛　27土罐记忆

30拉贝雕塑　33魏特琳雕塑　47前事不忘　48和平墙

图4-24 根据效度和现场情况进行的展项分类（图片来源：本研究整理）

二、展示形式分类合理性验证 Amos

为检验以上对展示形式与类型分离的合理性，本研究借助 Amos 软件对 48 个解释变量构成的 4 类潜在变量进行验证性因素分析，具体分为三大展示形式与参访行为（包含参访态度、停留时长和停留次数），如图 4 – 25 所示。从分析的结果看，斜交模型的卡方值为 79.376；自由度为 21；Gfi = .944 > 0.9；AGFI = .879 > 0.8；Cfi = .958 > 0.9；RMSEA = .097 < 0.1 总体上可以判定模型的拟合度良好。

从验证性因素分析的结果看，所有潜在变量到解释变量的标准化因子载荷均达到了 0.5 以上，说明潜在变项对解释变项具有良好的收敛效度，在四个潜在变量的相关性上，没有出现整数数字 1，其中 4 个潜在变量两两之间的相关系数分别为 .656 * * */.748 * */.843 * */.623 * */605 * */676 * *。

另外潜在变相的 lower 和 upper 信赖区间也没有出现 1（如表 4 – 7 所示），这说明潜变项之间具有良好的区隔度。同时通过查看数据分布情况可以看出，所有偏态（skew）的绝对值均小于 3，峰度（kurtosis）的绝对值均小于 10，由此可以判断数据符合单元的常态分布，进一步观察代表多元常态分布的 mardia 系数 = 17.852（如表 4 – 8 所示）（注：本观察变相的数量为 9，依据观察变项数量的平方 + 2 = 83，只要 mardia 系数小于 83 就说明符合多元常态分配）。由以上结构可以判定，以上提出对展示形式的分类方式具有良好的建构效度。

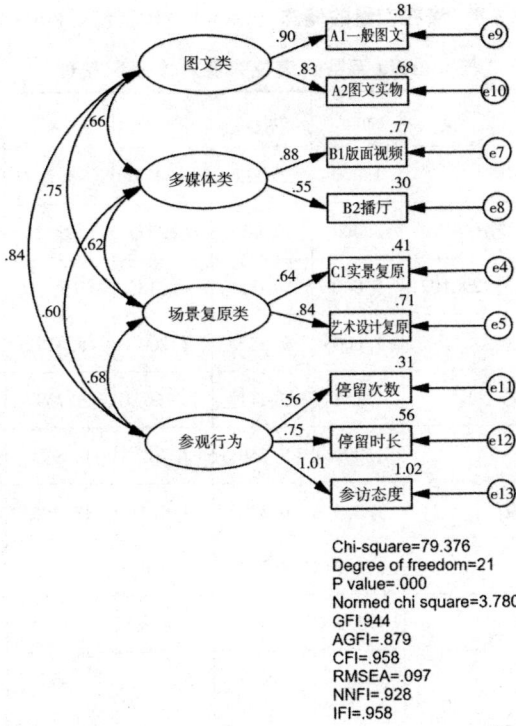

Chi-square=79.376
Degree of freedom=21
P value=.000
Normed chi square=3.780
GFI.944
AGFI=.879
CFI=.958
RMSEA=.097
NNFI=.928
IFI=.958

图 4 - 25 模型拟合度及结构效度的分析结果（图片来源：本研究绘制）

表 4 - 7 4 个潜在变量之间的相关分析与信赖区间（表格来源：本研究整理）

Parameter			Estimate	Lower	Upper	P
多媒体类	< - - >	图文类	.656 * **	.558	.776	.000
场景复原类	< - - >	图文类	.748 **	.630	.849	.001
图文类	< - - >	参观行为	.843 **	.780	.899	.001
场景复原类	< - - >	多媒体类	.623 **	.474	.774	.001
多媒体类	< - - >	参观行为	.605 **	.473	.713	.001
场景复原类	< - - >	参观行为	.676 **	.564	.774	.001

表4-8 潜在变量的偏态（skew）、峰度值（kurtosis）
与 mardia 系数（表格来源：本研究整理）

Variable	min	max	skew	c. r.	kurtosis	c. r.
ok 参访群组态度3	1.000	3.000	-.177	-1.243	-1.509	-5.298
ok 停留时长3级分	3.000	10.000	-1.073	-7.538	-.173	-.607
ok 停留次数2级分7313296102	5.000	10.000	-2.385	-16.751	5.159	18.118
A2 图文实物	1.000	7.333	1.200	8.427	1.650	5.794
A1 一般图文	1.158	5.211	.960	6.739	.516	1.814
B2 播放厅	1.000	5.750	1.707	11.993	2.452	8.613
B1 版面视频	1.000	6.333	1.964	13.796	4.106	14.420
艺术设计复原	1.000	4.300	1.310	9.198	3.239	11.374
C1 实景复原	1.333	9.333	1.418	9.962	3.905	13.715
Multivariate					29.201	17.852 (mardia)

为了进一步检验潜在变量对解释变量的收敛效度，继续进行收敛效度的检验，结果如表4-9所示。

表4-9 模型收敛效度相关分析结果（表格来源：本研究整理）

维度	题项	非标准化因子载荷	标准误 SE	临界比 CR Z值	P	标准化因子载荷	SMC	收敛效度 CR	收敛效度 AVE
A	A1 一般图文	0.771	0.041	18.968	***	0.899	0.81	0.85	0.74
	A2 图文实物	0.966	0.058	16.805	***	0.827	0.68		
B	B1 版面视频	0.819	0.067	12.275	***	0.877	0.77	0.70	0.56
	B2 播放厅	0.589	0.068	8.616	***	0.549	0.3		
C	C1 实景复原	0.7	0.065	10.745	***	0.637	0.41	0.71	0.56
	C2 艺术设计复原	0.397	0.028	14.049	***	0.843	0.71		

续表

维度	题项	非标准化因子载荷	标准误 SE	临界比 CR Z值	P	标准化因子载荷	SMC	收敛效度	
								CR	AVE
D	D1 停留次数	0.559	0.054	10.361	***	0.558	0.31		
	D2 停留时长	1.45	0.097	14.918	***	0.75	0.56	0.83	0.63
	D3 参访态度	0.832	0.036	23.162	***	1.009	1.02		

从收敛效度分析结果看，其组合信度（CR）均大于0.6，而平均因素负荷量（AVE）也在0.5以上，这说明本斜交模型存在良好的收敛效度。以上验证性分析的结果显示，针对展示形式的分类假设就有良好的效度，能为后续的统计分析提供基本的依据。

第五章

文化信息传达效能的比较

文化信息传播效能是博物馆存在价值的重要体现，也是博物馆设计者除了展示形式之外最重要的质量追求。形式设计能否对文化信息传达的效率产生影响，又能否影响参观者的参观行为，这都能在博物馆观众的参观行为中得到部分证实。

第一节　研究变量的预处理

为了单元数据间的可比性，研究需要将前期行为观察过程中所采用的常规计量单位进行数据类型转换，此处选择统一的 10 分等距变量类型，相关变量的基本情况如下。

1. 展馆参观停留时长得分：每个人在展馆参观过程中的平均停留总时长得分。

2. 展馆参观停留次数得分：每个人在展馆参观过程中停留次数的总得分。

3. 展示形式停留时长得分：三大展示形式平均停留时长的得分（图文、多媒体、场景复原）。

4. 展示类型停留的时长得分：6 个展示类型（传统图文、图文实物、版面视频、播放厅、实景复原、艺术 & 设计复原）。

5. 单个展项停留的时长得分：48 个具体展项的 10 分制得分（将秒转化成 10 分制）。

6. 参观者的参观态度：依据每个人参观过程中的停留时长分为不认真、认真、非常认真三个群组。

7. 展项的面积大小得分：依据展示面积的大小进行 10 分制赋分。

8. 展馆展示面积得分：整个展馆中所有展项面积的平均值。

9. 展项的环境照度得分：依据光照强度和多人判断进行光照强度的 10 分制赋分。

10. 展馆环境照度得分：展馆中所有展项各自照度的得分。

11. 展项的区位位置得分：展项所处展区进行 10 分制赋分。

12. 展馆区位位置得分：展馆中所有展项位置的平均值。

13. 展项适宜停留度得分：展位的适宜停留程度进行 10 分制赋分。

14. 展馆适宜停留度得分：整个展馆中所有展项适宜停留度的平均值。

15. 展项内容刺激性得分：根据展示内容的刺激性程度和多人判断进行 10 分制赋分。

16. 展馆内容刺激性得分：整个展馆中所有展项内容刺激性得分的平均值。

一、展馆参观时长得分

展馆的停留时间是衡量本馆整体参访质量的重要指标之一,只有足够的参观时间,参访者才有接受展示信息的可能性。早在1932年利物浦公共博物馆馆长海默瑞(C. Hay Murray)就开始用"价值系数"来评估展览,价值系数 = 观众参观时间/标准对比时间,而价值系数本身也能够反映出展览吸引力的大小,因此展馆的停留时间是研究参观者行为特征与博物馆文化信息传播效能的最基础变量。

本研究在原始数据基础上,根据数据分布情况(参观者对展项的关注时间最低119秒,最高4680秒),进行数据转换,首先求出每个人在展馆整个参观过程中的停留总时间 s,再求出每个人在整个参观过程中参观过的展项数量 t,利用 s/t 求出每个人用在单个展项上的平均时间(注:无参观的展项不计入在内),最后将所有参访者用在单个展项上的平均参观时间相加,除以参访者的总数 n,得到每个参访者在展馆中停留的平均理想时长,再将这个平均时间10等分求出级差单元:

$$N = [(s1/t1) + (s2/t2) + (sn/tn)/n]/10$$

N 为级差单元,s 为停的时间,t 为参观次数,n 为参访者度数量,依此得到级差单元为3.21,四舍五入后为3秒。以此为参考结合此次调研中每个人在每个展位前的平均停留时长进行10分赋值如下。

1 = 0—3s

2 = 3—6s

3 = 6—9s

4 = 9—12s

5 = 12—15s

6 = 15—18s

7 = 18—21s

8 = 21—24s

9 = 24—27s

10 = 27s 以上

（注：此处的展馆参观时长得分特指在展项上持续关注的时长，不含在展项上浏览和在展馆中无目的的徘徊、走动以及其他行为动作的时间）。

二、展馆参观次数得分

展馆参观次数是记录观众在整个展馆过程中观看展项的次数，作为展项被观看程度的指标，它能反映观众参观过程中的基本情况，理想状态下参观者能参观展厅中所有的展项。此处将此次调研过程中所有参观者在展馆中的参观次数相加，除以此次参观者的总数，得到每个参访者的平均理想参观次数，再将此值10等分作为级差单元。

$$N = [(s1 + s2 + s3 + \cdots\cdots sn)/n]/10$$

N为级差单元，s为一个参观者在参观整个场馆过程中停留的次数，n为参观者数量，依此得到级差单元为2.47秒，四舍五入后为2秒。以此为参考对此次调研中每个人在每个展位前的平均停留时长进行10分赋值。

1 = 0—2 次

2 = 2—4 次

3 = 4—6 次

4 = 6—8 次

5 = 8—10 次

6 = 10—12 次

7 = 12—14 次

8 = 14—16 次

9 = 16—18 次

10 = 18 次以上

三、展示形式的停留时长得分

根据前面验证性因素分析的结果，本研究将博物馆所有的展示形式归纳为图文、多媒体及场景复原三个大类。具体如表 5 - 1 所示，每一展项类别的得分等于各自解释变量的平均分相加再除以解释变量的个数（各解释变量的得分等于各自类型展项的停留时长相加除以各自展项个数），具体如下：

图文类 = （A1 + A2）/2

多媒体类 = （B1 + B2）/2

场景复原类 = （C1 + C2 + C3）/3

表 5 - 1　展项的分类和潜在变项以及具体展项的关系（表格来源：本研究整理）

图文类		多媒体类		场景复原	
A1 一般图文	A2 图文实物	B1 版面视频	B2 播放厅	C1 实景复原	C2 艺术＆设计复原
3/6/15/18/20/24 26/29/32/35/36 37/38/40/41/42 43/45/46	10/11/12/17 23/31	7/13/16/22 25/39	2/28/34/44	9/14/19	8/21/30/33/1/4/5/27 47/48

四、展示类型停留的时长得分

主要用来描述一类具体展项被观看时长的指标，此处将同种类型具体展项停留时长的 10 分制得分相加，除以此类具体展项的数量，以此作为此类展项面前停留时长的最终得分，赋分方法如下：

$$N = (S1 + S2 + \cdots\cdots Sn)/n$$

N 为一类展项的 10 分制得分，S 为同类展项的 10 分值得分，n 为同类展项的个数。

五、单个展项停留时长得分

为方便记录参观者的行为数据，观察过程中以秒为单位进行原始数据的记录，本阶段同样将其转换为 10 分等距量表，其转换方式如下。将一个参观者在参观过程中的总时间相加，除以被观察者数量，得到每个参观者在展馆中平均的理想参观时长，再将其除以 48 个展项，得到每个展项理想中的参观时长，以此作为级差单元。

$$N = [(S1 + S2 + \cdots\cdots Sn)/n]48$$

N 为级差单元，S 为每个人在整个参观过程中总的停留时间，n 为一共收集到的统计表数量，48 为展项的数量。最终得到级差单元为 17.5 秒，四舍五入后为 18 秒，以此为此次调研中每个具体展项的时间进行 10 分赋值如下：

1 = 1 秒以下（没有停下来参观）

2 = 1—18s

3 = 18—36s

4 = 36—53s

5 = 53—70s

6 = 70—88s

7 = 88—105s

8 = 105—122s

9 = 122—139s

10 = 139s 以上

（注：考虑到参观过程中有大量的展项没有被参观者驻足观看，但仍然在行走过程中有所浏览，因此把没有驻足观看的展项定为 1 分，其他按照级差进行依次递增赋值。）

六、参观者态度分组

观众的态度很大程度上可以反映博物馆文化信息能否被参访者接受，由于侵华日军南京大屠杀遇难同胞纪念馆的展示环境相对较暗，行为观察过程中难以清楚记录参观者的参观态度，此处将参观者在展馆中停留的总时长作为反映参观者总体态度的间接指标，根据本次所有参观者在展馆中参观的总时长除以观察对象总数，得出每个人理想的平均参观时长，将其作为参观认真态度的参考值，高于这个值的为非常认真群组，低于本值1/2的为认真群组，而不足 1/2 的为不认真群组，认真参考值的计算方式如下：

$A = (t1 + t3 + t3 + \cdots\cdots tn) / n$，$A$ 为认真参考值，t 为每个人在展馆中的参观总时长，n 为参观者数量，据此最终算出认真参考值为 840秒，具体三个群组的赋值情况如下：

1 = 0—420 秒（不认真群组）

2 = 420—840 秒（认真群组）

3 = 840 秒以上（非常认真群组）

七、具体展项面积大小

主要指单个展项的面积大小，具体如展板、实物及其他展示形式所占的空间面积，观察过程中是以平方米为基本单位进行数据记录，为了统计分析的可比性，需将展板的面积大小划分为 1 ~ 10 个等距变量，其转换的方式如下。

将所有的展示面积相加后除以展项个数得到一个平均值，再将平均值进行 10 等分作为一个基本的等距单元（见公式），以此将参访者在某个展项前停留的时间转换为 1 ~ 10 的分数。

$$N = \left[(A1 + A2 + \cdots\cdots An) / n \right] / 10$$

N 为一个等距单位，A 为单个展项面积，n 为展项的个数。

根据以上公式可以算出，展示面积的一个等距单位为 3.39 平方米。1 ~ 10 的分值分别代表以下面积大小（经四舍五入得到如下范围值），展项面积得分大小的分布情况如表 5 - 2 所示。

1 = 没有参观过

2 = 0—3.39m² 以下

3 = 3.39—6.78m²

4 = 6.78—10.17m²

5 = 10.17—13.56m²

6 = 13.56—16.95m²

7 = 16.95—20.34m²

8 = 20.34—23.73m²

9 = 23.73—27.12m²

$10 = 30.51 m^2$ 以上

表 5 - 2　展项面积大小的十分制得分分布情况（表格来源：本研究整理）

2		3	4	5	6
7 进犯南京 8 大轰炸 13 保卫战视频 16 搜捕视频 22 大师访谈	25 性暴行2 30 拉贝雕塑 33 魏特琳雕塑 34 马吉纪录片 39 掩埋死者	10 迁都难民潮 28 历史证言 44 交互证言	21 屠生佛 27 土罐记忆 3 屠杀后的南京 46 公祭日	23 百人斩 31 拉贝事迹 38 掩埋死难者 41 战后调查	15 大屠杀 24 性暴行 29 人道主义救援 40 劫后余生

7	9	10		
4 铁书名录 18 城墙郊外屠杀 32 魏特琳 43 证人证词 45 记忆与和平	2 流星 20 屠杀地点 35 国际记录 42 军事法庭 审判	1 档案架 3 幸存者 5 南京城门 6 前言与进犯 9 街头场景	11 军力对比 12 南京保卫战 14 大轰炸场 17 长江屠杀 19 万人坑	26 抢劫 & 纵火 36 世界事实 47 前事不忘 48 和平墙

八、展馆展示面积得分

主要是指本馆所有展项的展示面积总得分，属于潜在变量，计算方式为所有展项面积相加除以展项数量，实际是指整个展馆中所有展项面积的平均值。

$$S = (s1 + s2 + \cdots\cdots sn) / n$$

S 为展馆展示面积得分，s 为单个展项的展示面积，n 为展项数量。

九、具体展项环境照度

展示环境的照明亮度是影响布展环境综合质量的一个指标，能够潜在影响观众的参观体验和参观行为，根据常识判断，过于昏暗的环境会产生压抑感，对长时间的参观会有负面的影响。而过亮的环境也会影响展品品质与文化意涵的表达，根据各展项的光照环境强度，结合现场拍摄图片的明亮对比度（见图 5-1 所示），对展项所处的照度环境进行 10 级评分，从最暗到最亮给予 1—10 级评分，取其平均分（评分来自本研究团队成员），得到 2—8.5 的取值范围（具体如表 5-3 所示）。

表 5-3 环境照度与展项的得分情况（表格来源：本研究整理）

2	3	4	5	6		
3 幸存者 28 历史证言	34 马吉纪录片 44 交互证言	4 铁书名录 9 街头场景 2 流星 5 南京城门 8 大轰炸	7 进犯南京 1 档案架 6 前言与进犯 14 大轰炸场	10 迁都难民潮 20 屠杀地点 21 屠生佛 22 大师访谈	12 南京保卫战 13 保卫战视频 15 大屠杀 16 搜捕视频	23 百人斩 24 性暴行 25 性暴行2 26 抢劫 & 纵火

7		8		9
19 万人坑 43 证人证词 17 长江屠杀 29 人道主义援救	31 拉贝事迹 32 魏特琳 35 国际记录 39 掩埋死者 40 劫后余生	11 军力对比 38 掩埋死难者 27 土罐记忆 36 世界事实 30 拉贝雕塑	41 战后调查 33 魏特琳雕塑 45 记忆与和平 37 屠杀后的南京 47 前事不忘	42 军事法庭审判 46 公祭日 48 和平墙

从空间平面上看本馆照明总体环境呈现出了从暗到亮的总体趋势，这与展馆设计方提出的由惨烈屠杀带来的黑暗逐步走向抗战胜利，迎向光明的主题相呼应（如图 5-1 所示）。

从展项照度空间平面的布局可以看出，展馆入口以较低的照明环境奠定了严肃而沉重的基调，在第二展厅迅速进入了相对黑暗的环境，紧接着以相对中性的光照展示了整个屠杀事件的过程，慢慢变亮，直至展览结束。在中间几处由于展示形式（播放厅）的特殊性，照明环境一度变暗，具体展项和照明环境的分布与得分如附件 2-1 所示。

图 5 - 1　展项环境照度的总体变化

十、展馆环境照度得分

主要是指本馆所有展项的展项照度的总得分，属于潜在变量，计算方式为所有展项照度得分相加除以展项数量，实际是指整个展馆中所有展项面积的平均值。

$$B = （b1 + b2 + ……bn）/n$$

B 为展馆展项照度得分，b 为单个展项的照度得分，n 为展项数量。

十一、具体展项区位位置得分

区位位置是指展项在整个展馆中的绝对位置，位置作为空间规划设计的重要因素，其先后顺序与展项被参观者优先接受的程度存在一定的对应关系。从商业空间看，位置不同其价值也存在较大的差距；就展馆而言，空间整体尺度宏大、位置靠前的部分容易被参观者接受，也能增加观看机会。认知理论的相关研究表明：人们对事物的好奇心和学习行为会随着时间的增加而逐渐减弱。因此，在博物馆中应将展项位置作为重要的衡量指标进行考量。本研究将整个展馆依据空间的围合性进行了划分，总计分为 10 个展厅（如附件 2-2），在此基础上将参展项归纳到各自展区里面，并给以相应的位置 1—10 的评分，展厅区位得分的分布基本情况如表 5-4 所示。

表 5-4 各展项区位得分与分布

1	2	3		4		
1 档案架 2 流星	3 幸存者 4 铁书名录 5 南京城门	6 前言与进犯 7 进犯南京 8 大轰炸	9 街头场景 10 迁都难民潮	11 军力对比 12 南京保卫战	13 保卫战视频 14 大轰炸场	

续表

5	6	7	8	9
15 大屠杀 16 搜捕视频 17 长江屠杀 18 城墙郊外屠杀 19 万人坑 20 屠杀地点 21 屠生佛 22 大师访谈 23 百人斩	24 性暴行 25 性暴行 2 26 抢劫 & 纵火 27 土罐记忆 28 历史证言	29 人道主义援救 30 拉贝雕塑 31 拉贝事迹 32 魏特琳 33 魏特琳雕塑 34 马吉纪录片 35 国际记录	36 世界事实 37 屠杀后的南京 38 掩埋死难者 39 掩埋死者 40 劫后余生 41 战后调查 46 公祭日	42 军事法庭审判 43 证人证词 44 交互证言 45 记忆与和平 47 前事不忘 48 和平墙

　　展项区位位置先后确定的得分大小并不能绝对代表区位的优劣程度，一般来讲处在展馆入口的展项，由于参观者尚处在兴奋与新鲜的状态下，其受到的关注程度相对较高，而展馆末尾则会因为参观时长导致的疲劳使得位置得分相对较低，此次位置得分大小与优劣的关系需待后续统计分析后再做讨论。

十二、展馆区位位置得分

　　主要是指本馆所有展项的展项位置总得分，属于潜在变量，计算方式为所有展项位置得分相加除以展项数量，实际是指整个展馆中所有展项位置的平均值。

$$L = (l1 + l2 + \cdots\cdots ln) / n$$

L 为展馆展项区位位置得分，l 为单个展项位置区位的得分，n 为展项数量。

十三、具体展项适宜停留度

展馆设计过程中，参观流线的设计和空间尺度的处理必然会造成展项在是否适宜参访者停留方面产生差异，处在展厅中间且空间开阔的展项更加适合参访者驻足观看，而处在流线转角或楼梯口的展项则不利于参访者长时间停留。因此展项的适宜停留度也是影响参访者参观行为的重要因素（具体分布情况详见附件 2 - 3），此处将展项的适宜停留度作为变量来研究"适宜停留度"在参观者行为方面的影响，依据展项所在的交通条件和通过性，将 48 个展项进行 10 级评分，展项适宜停留度的得分分布情况如表 5 - 5 所示。

表 5 - 5 展项适宜停留度得分情况（表格来源：本研究整理）

2	3	4	6	7	
1 档案架 2 流星	9 街头场景	8 大轰炸	10 迁都难民潮	5 南京城门 45 记忆与和平 13 保卫战视频	46 公祭日 39 掩埋死者

8		9		10	
14 大轰炸场 29 人道主义援救 40 劫后余生 15 大屠杀 30 拉贝雕塑 43 证人证词	23 百人斩 38 掩埋死难者 47 前事不忘	7 进犯南京 11 中日军力对比 16 搜捕视频 21 屠生佛 24 性暴行 25 性暴行 2	28 历史证言 31 拉贝事迹 33 魏特琳雕塑 35 国际记录 37 屠杀后的南京 41 战后调查 42 军事法庭审判 48 和平墙	3 幸存者 4 铁书名录 6 前言与进犯 12 南京保卫战 17 长江屠杀 18 城墙郊外屠杀 19 万人坑 20 屠杀地点	22 大师访谈 26 抢劫 & 纵火 27 土罐记忆 32 魏特琳 34 马吉纪录片 36 世界事实 44 交互证言

展项适宜停留度的赋值主要根据展馆空间位置大小与展项的关系，为减少赋值的主观性造成的误差，研究对所有 9 人研究小组成员的各自评分取其平均值，作为展项适宜停留的最终得分。

十四、展馆适宜停留度得分

主要是指本馆所有展项的展项适宜停留度总得分，属于潜在变量，计算方式为所有展项适宜停留度的得分相加除以展项数量，实际是指整个展馆中所有展项适宜停留度的平均值。

$$R = (r1 + r2 + \cdots\cdots rn) / n$$

R 为展馆展项适宜停留度得分，r 为单个展项适宜停留度得分，n 为展项数量。

十五、具体展项内容刺激性

展项内容作为影响观众参观行为最核心的因素，对侵华日军南京大屠杀遇难同胞纪念馆而言，无论是图片、视频或文字描述，只要能引起参观者内心情绪强烈变化的内容，自然会获得更多的关注。内容刺激性的评价因人而异，因此本研究对 48 个展项涉及的内容进行逐条研判，同时邀请 9 名参与课题研究的团队成员根据内容逐条研判，然后取其平均值作为本展项内容的最终得分，展项分值分布情况如表 5 - 6 所示。

表5-6　展项内容刺激性得分（表格来源：本研究整理）

4	5		6	
30 拉贝雕塑 42 军事法庭审判	2 流星 5 南京城门 7 进犯南京 29 人道主义救援 31 拉贝事迹	32 魏特琳 35 国际记录 43 证人证词 45 记忆与和平 46 公祭日	1 档案架 4 铁书名录 6 前言与进犯 8 大轰炸 10 迁都难民潮 11 军力对比	12 南京保卫战 13 保卫战视频 27 土罐记忆 33 魏特琳雕塑 36 世界事实 37 屠杀后的南京	41 战后调查 44 交互证言 47 前事不忘 48 和平墙

7	8			9	
22 大师访谈 34 马吉纪录片 40 劫后余生	3 幸存者 9 街头场景 14 大轰炸场 15 大屠杀 16 搜捕视频	17 长江屠杀 18 城墙郊外屠杀 20 屠杀地点 21 屠生佛 24 性暴行	26 抢劫 & 纵火 38 掩埋死难者 39 掩埋死者	19 万人坑 23 百人斩 25 性暴行2 28 历史证言

（注：由于考虑到参访者对内容偏好存在的影响，此处只对有停留行为发生的展项给予赋值，如果没有停留行为发生则赋值1，代表内容的刺激性很小。）

十六、展馆内容刺激性得分

主要是指本馆所有展项的展项内容刺激性总得分，属于潜在变量，计算方式为所有展项内容刺激性的得分相加除以展项数量，实际是指整个展馆中所有展项内容刺激性得分的平均值。

$$E = (e1 + e2 + \cdots\cdots en) / n$$

E 为展馆内容刺激性得分，e 为单个展项的内容刺激性得分，n 为展项数量。

第二节 总体趋势分析

一、停留时间的趋势分析

从对侵华日军南京大屠杀遇难同胞纪念馆参观者的调研中可以发现，观众在绝大部分展项面前停留的时间差异性不大，在展项面前的参观时长相对比较均衡，相比而言在第 3/6/11/13/19/20/26/27/42 展项面前的停留时间差异性较大（如附件 2-4 所示）。在这些展项中代表时长的色点敏感对比度相对比较大，而这些展项的共同特点是空间适宜停留度比较好且空间较为宽敞，越是在适宜停留的展项面前，停留的时长差异就呈现出了越明显的分化趋势，相比其他各展项间的停留时长比较均衡。另外从图中也可以看出，特别是在第 6/11/13/28/34 展项面前的停留时间差异分化得更加明显，深色与浅色的数量对比更加突出。

从叙述统计的结果看，总体上参观者在展项面前的停留时间相对比较平稳，除第 6 展项面前出现停留时间较长外，在第 25～30 展项之间出现了停留时间上的较大波动，总体上参观时间的变化是逐步趋于稳定，变化幅度越来越小。具体来看，展项平均停留时间在 30 秒以下的展项 1/2/3/4/5/7/8/9/10/13/29/30/31/33/37/38/39/40/41/43/44/45/46/47/48；其中第 2/8/30/33/46/47/48 展项停留时间不足 15 秒；而停留时间在 60 秒以上的展项分别有第 6/11/24/25/28 展项，停留时间最长的为第 28 展项，达到 109 秒（如图 5-2 所示）。

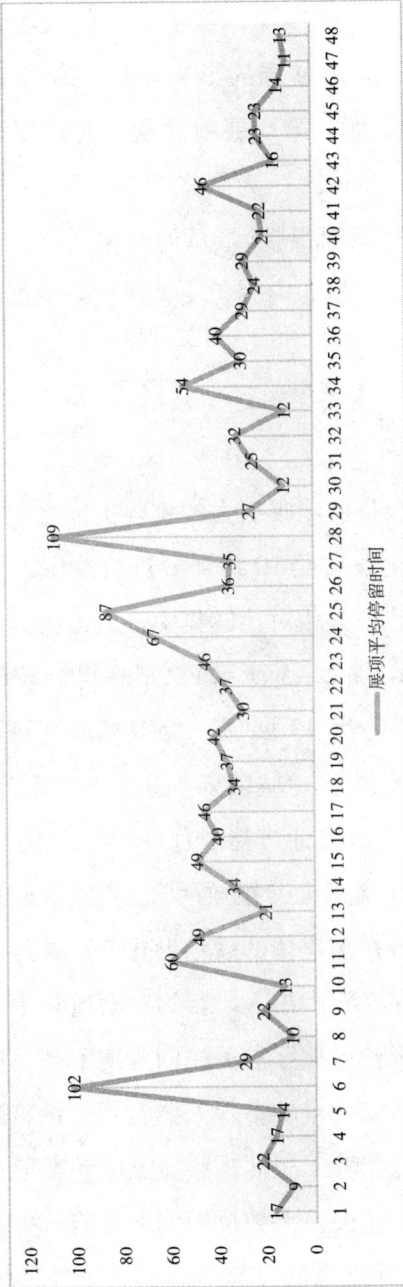

图 5 - 2　各展项停留时长情况（图表来源：本研究绘制）

从展示形式与内容上看图文和多媒体展示形式的观看频率相对更高，这在整体上受到展馆整个布展基调的影响较大。第28展项（历史证言）为历史证言的影音播放厅；第6展项（前言与进犯）为传统图文展项；第11展项（中日军力对比）为图文实物；第24展项（性暴行图文）；第25展项（性暴行版面视频）。从内容角度看，反映了日军进犯、暴行和事后证据展示三个核心内容，受关注度高的展项基本涵盖了大屠杀事件的全过程。

二、停留频次的趋势分析

观众在展项面前停留次数是展项吸引力的重要指标之一，此处将观众在每一个展项面前的停留次数按照10级评分进行绘图，可以发现展馆入口处和结尾处停留次数的得分相对比较集中，展馆中部的几个展项停留次数得分相对较低（如附件2-5所示），观察得分较低的展项分别为第8展项（大轰炸雕塑）/第13展项（保卫战版面视频）/第16展项（搜捕版面视频）/第18展项（城墙郊外屠杀）/第25展项（性暴行版面视频）/第28展项（历史证言播放厅）/第39展项（掩埋死难者版面视频）/第44展项（交互证言播放厅）。从展示形式上看，这些得分较低的展项大部分集中在多媒体的展示形式上，这与一般认为多媒体更有视觉吸引力的认知存在较大出入。行为观察过程中发现，以图文为主要形式的展馆，个别影音播放厅被关注的程度不高，这与播放厅有限的座位数量存在一定关系，大量的参观人群看到少量座位后，会较快地做出略过此展项的决定。相较于版面视频，虽以动态形式呈现，但与清晰度更高的图文相比，其受关注次数反而偏低。若从更加抽象的角度将单个展项被关注的次数划分为低（35%及以下被观看频次）、中

（36%～49%观看频次）、高（50%及以上被观看频次）三个频次，可以看出展馆起始部分受到的关注程度相对较高，展馆中部的关注程度相对较低，而在展馆结束前受到的关注频率再次提高（如附件 2－6 所示）。

为进一步观察展馆内展项观看频次的变化情况，将展项被观看次数与观察对象总数的比值作为反映展项被参观次数的参考值，其变化情况如图 5－3 所示，总体可以分为四个部分：第一部分为第 1—20 展项，总体上的观看次数处于急剧变化的状态，高低频次的差异非常大；第二部分为第 20—30 展项，高低频次的差异相对较为缓和；第三部分为第 30—38 展项，高低频次的变化相对较小；第四部分为第 38—48 展项，高低频次的变化由剧烈向缓和转化。从以上观看频次的变化情况可以看出，参观者在展馆内的参观行为整体上存在一定规律，从开始的快速选择逐渐发展到中间部分相对平稳，再到最后的快速变化，最后平稳离开。

三、参观顺序的趋势分析

参观者在展馆中的参观顺序会受场地条件、展示内容、展示形式以及参观人流量等因素的影响，根据对参观者的行为观察和叙述统计结果，不同参观态度的参观者在展览内容参观顺序方面也呈现出了一定的差异，其中参观态度的判定依据来自前期参观时长的赋值结果。

1 = 0—420 秒（不认真群组）

2 = 420—840 秒（认真群组）

3 = 840 秒以上（非常认真群组）

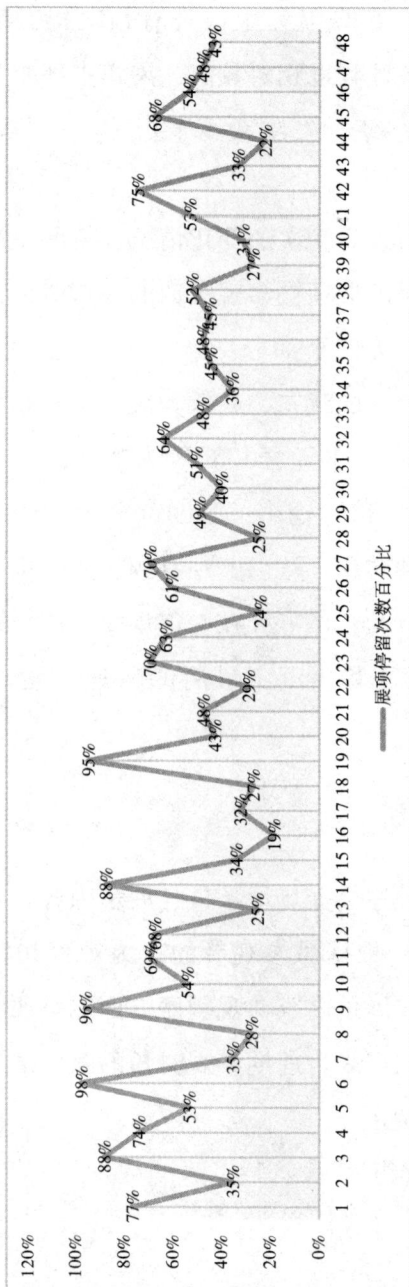

图 5 - 3　展项参观频次的变化情况（图表来源：本研究绘制）

在不认真参访群组中，参观者的参观行为在开始部分还有一定的规律可循，大致会沿着既定的内容设置顺序进行参观，但在经过第四展厅后，这种规律性渐渐消失，参观者的参观轨迹开始具有了较强的随机性，直到参观结束都呈现出了杂乱无章的态势（如附件2-7所示）；对于比较认真的参访群组的参观者而言，虽然在参观过程中同样具有较强的随机性，但是直到展览尾部仍然呈现出了一定程度的规律性，能够有比较清楚的参观轨迹，而轨迹的特征基本沿着展馆内容设计的先后次序进行（如附件2-8所示）；而对那些参观态度非常认真的群组而言，参观顺序构成的参观轨迹则呈现出了更加清晰的特征，重合的轨迹线开始增多并明显加深，凌乱的线条明显减少（如附件2-9所示）。

从以上三组不同态度参观者的参观轨迹可以看出，参观态度越认真，越能更好地按照内容设置的顺序进行参观，而那些态度不认真的参观者总体上要显得随机很多。这背后反映的结论是，展馆的内容策划设计与次序安排与观众的参观行为存在潜在关系，展馆的内容布局能够明显影响观众的参观行为。

四、参观时长与次数的关系分析

除了考量展示形式面前停留的时长、参观次数以及参观顺序外，参观时长与参观次数之间的对应关系能够在一定程度上作为展项综合吸引力的衡量指标。只有较高参观次数与参观时长同时具备的展项，其对参观者的吸引力才比较大，而如果两项中有一项较低都不能充分说明展项本身具有足够的吸引力。因为如果参观的时间够长，但参观次数很低，说明很可能是个别参观者对展示内容感兴趣的特例，而如果参观次数很多，但参观时长很短，则能说明展项本身的内容不具备足够的吸引力，参观次数的增多很有可能是因为形势在视觉上张力足够大造成的。根据这个基本判断，逐步观察图文、多媒体与场景复原在两者关系上的分布情况，可以从趋势上判断不同展示形式在观众综合吸引力方面的基本特征。

从图文参观时长和参观次数的空间分布上可以看出，在所观察的对象中，参观次数在8—24次的展项面前，其参观的平均时长基本在2分左右，即大约6秒上下浮动3秒的范围内，持有这种参观行为的参观者相对比较集中，而停留次数在24—50次的展项面前，其参观的平均时长基本在3分左右，即大约在9秒上下浮动3秒的范围内，持有这种参观行为的参观者相对比较分散（如图5-4）。

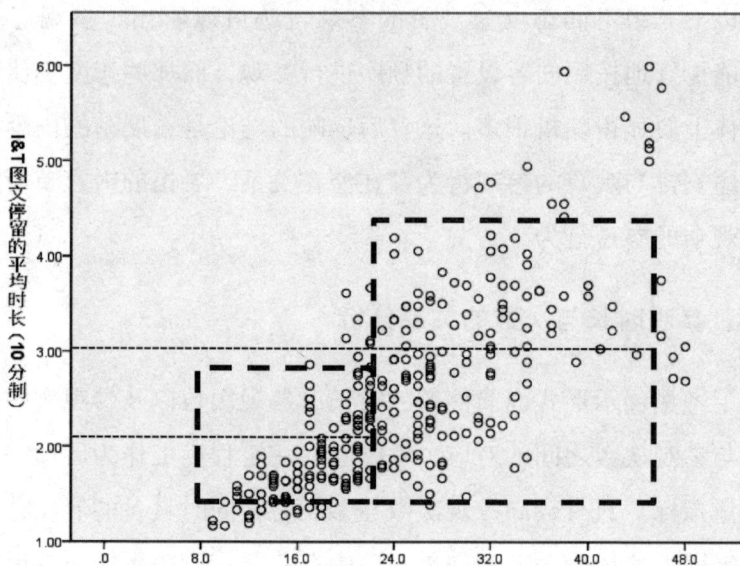

图5-4 图文展示形式的停留时长与停留次数
的关系分析（图片来源：本研究绘制）

从多媒体参观时长和参观次数的空间分布上可以看出，在所观察的对象中，参观次数在 8—28 次的展项面前，其参观的平均时长基本在 1.5 分左右，即大约 4.5 秒上下浮动 1.5 秒的范围内，持有这种参观行为的参观者相对比较集中，而停留次数在 28—40 次的展项面前，其参观的平均时长基本在 2 分左右，即大约在 6 秒上下浮动 3 秒的范围内，持有这种参观行为的参观者相对比较分散，另外在参观次数 40—50 次的展项面前，其参观的平均时长在 4 分，即大约在 12 秒上下 3 秒的范围内，且人数相对非常少（如图 5-5）。

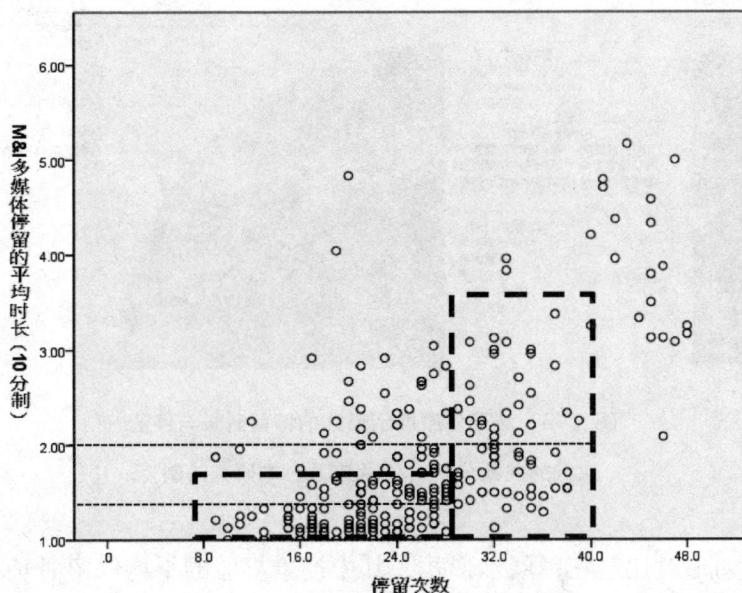

图 5-5　多媒体展示形式的停留时长与停留次数的
关系分析（图片来源：本研究绘制）

从场景复原参观时长和参观次数的空间分布上可以看出在所观察的

对象中，参观次数在 10—28 次的展项面前，其参观的平均时长基本在
2 分左右，即大约 6 秒，上浮大约 4 秒，下浮大约 1.5 秒的范围内，持
有这种参观行为的参观者相对比较集中；而停留次数在 28—40 次的展
项面前，其参观的平均时长基本在 2.5 分左右，即大约在 7.5 秒上下浮
动 3 秒的范围，持这种参观行为的参观者相对比较分散，另外在参观次
数 40—50 次的展项面前，其参观的平均时长在 3 分，即大约在 9 秒上
下 3 秒的范围内，人数相对很少且很分散（如图 5 - 6）。

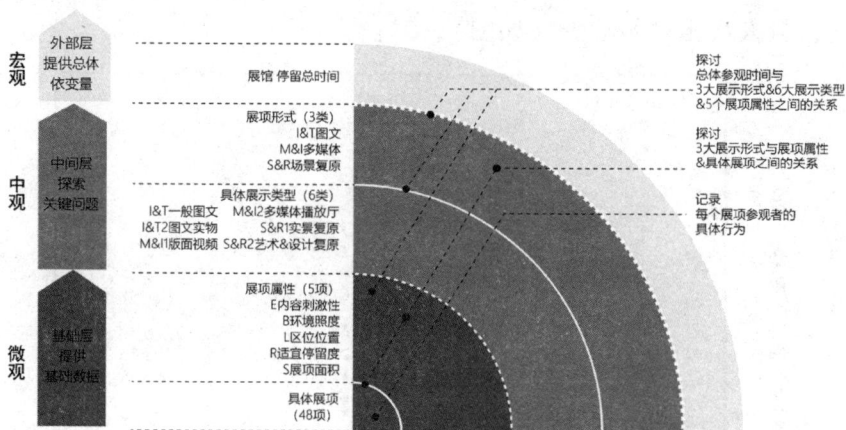

**图 5 - 6　场景复原展示形式的停留时长与停留
次数的关系分析（图片来源：本研究绘制）**

　　而如果对比这三种展示形式，其中场景复原的平均停留时长相对更
长，分布也更加集中，图文和多媒体在停留时间和次数之间关系的分布
上总体比较类似，但是多媒体的停留时长相对更短，大量比较集中的参
观者集中在了 1.5 分即 4.5 秒上下，相比图文的停留时长集中在 2 分即
6 秒上下。总体上来看，图文和多媒体两个集群内的分布密度差异较
大，而场景复原两个集群内的分布密度差异较小。也就是说，观众在场

景复原面前的参观行为相对比较一致，停留的时长相对最长，而图文与多媒体，随着停留次数的增多参观时长的变化较大，较快地由集中走向分散。

第三节　展示形式属性与参观行为之间的关系分析

从博物馆布展形式、展项属性与观众参观时长的角度进行综合考量，总体可以将各自的内容与相互关系分为 3 个基本圈层。

第一个圈层属于基础层，由 48 个基本展项和 5 个展项基本属性构成，它属于最微观的层面，其考察的是各个具体展项内部的属性问题，在本层中能够记录观众在每个展项面前停留的具体时长，为问题研究提供基础数据（如图 5-7 所示）。

第二圈层是中间层，主要包含 3 种展示形式（图文/多媒体/场景复原）以及由此细分而成的 6 个具体展项类型（I&T 一般图文/I&T2 图文实物/M&I1 版面视频/M&I2 多媒体播放厅/S&R1 实景复原/S&R2 艺术 & 设计复原），它们之间是解释与被解释的关系，3 个形式为潜在变量，6 个展示类型为解释变量，这种分类方法的合理性已经通过展项形式的验证性分析，形成了清晰的分类结构。本层主要讨论的是与基础层之间的关系问题，即展示形式与展项属性之间的关系，由于有充分的基础层和外部层的数据支撑，本层是考察展示形式与展项属性关系的关键层。

第三层是外部层，主要包含参观者在展馆参观过程中所用的总时间，这是一个最综合、最宏观且最具说服力的参考变量，因为参观者是否在展馆中停留了足够长的时间，是判断展馆内容策划与形式设计成功与否的最直接指标，也是判断博物馆能否实现文化信息高效传达的根本和前提条件。本层主要讨论展馆停留时间与 3 种展示形式，6 类展示类型以及 5 个展示属性的关系。

分析以上各圈层之间的关系，由浅及深重点挖掘讨论以下几个层次的基本问题（如图 5 – 7 所示）。

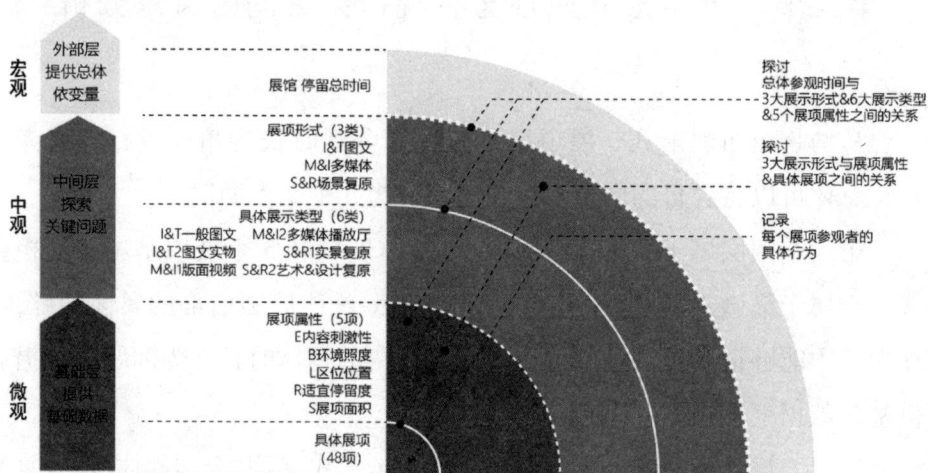

图 5 – 7　展示形式/展项属性以及参观者行为之间的关系图

（图片来源：本研究绘制）

（1）展馆停留总时间 VS 三大展示形式的关系（宏观）

（2）展馆停留总时间 VS 六种展示类型的关系（中观）

（3）展馆停留总时间 VS 五种展项属性的关系（中观）

（4）三种展示形式 VS 5 个展示形式属性及 48 个展项之间的关系（微观）。

一、展馆参观时间与三大展示形式的关系分析

将总体停留时间作为依变量，3 种展示形式为自变量进行相关与回归分析（注：展示形式的平均分只计算被参观过的展项），用于观察哪种展示形式对展馆参观总时长有更大的影响，相关分析的结果如表 5 – 7 所示。

表 5 – 7　展示形式与展馆停留时长之间的相关分析（表格来源：**本研究整理**）

		I&T 图文	M&I 多媒体	S&R 场景复原	展馆停留时长
I&T 图文	Pearson 相关性	1	.469 **	.613 **	.749 * *
	显著性（双侧）		.000	.000	.000
	N	296	296	296	296
M&I 多媒体	Pearson 相关性	.469 **	1	.429 **	.493 * *
	显著性（双侧）	.000		.000	.000
	N	296	296	296	296
S&R 场景复原	Pearson 相关性	.613 **	.429 **	1	.573 * *
	显著性（双侧）	.000	.000		.000
	N	296	296	296	296
展馆停留时长	Pearson 相关性	.749 **	.493 **	.573 **	1
	显著性（双侧）	.000	.000	.000	
	N	296	296	296	296

＊＊. 在 . 01 水平（双侧）上显著相关　＊p > 0. 05　＊＊p < 0. 01　＊＊＊P < 0. 001

从表中可以发现，三种展示形式均与展馆的停留时长存在显著相关，其相关系数分别为 . 749 * * , . 493 * * , . 573 * * ，显著性均为

.000。进一步的回归分析如表 5 - 8 所示。

从回归分析的结果可以看出，其 F 值为 146. 182，sig 值为 .000a，Rsq = . 600。这说明自变量与因变量之间存在回归的显著性，三种展示形式的观看时长均是影响展馆停留总时长的重要原因。通过回归系数可以进一步发现在三个影响展馆停留时间的原因中，I&T 图文 > M&I 多媒体 > S&R 场景复原，因此这在这类以图文为主的展馆中，图文展项虽然是一种非常传统的展示形式，但却是影响参观者在展馆中停留时间长短的最重要原因。

表 5 - 8　展示形式与展馆停留时长之间的回归分析（表格来源：本研究整理）

因变数	自变量	简单相关	标准化回归系数	T 值	显著性 Sig.
展馆停留时间（n = 296）	I&T 图文	. 749 **	. 587	12. 003	. 000
	M&I 多媒体	. 493 **	. 154	3. 610	. 000
	S&R 场景复原	. 573 **	. 147	3. 082	. 002

R = . 775　Rsq = . 600　f = 146. 182　sigmfF = . 000　 * p > 0. 5　 * * p < 0. 01　 * * * P < 0. 001

为进一步了解展馆停留时间与具体展示类型之间的关系，进一步将展馆停留时间与各具体展示类型（I&T 一般图文/I&T2 图文实物/M&I1 版面视频/M&I2 影音播放厅/S&R1 实景复原/S&R2 艺术 & 设计复原）之间进行相关与回归分析。

二、展馆参观时间与展示类型之间的关系

以展馆停留的总时长为依变量，6 种具体的展示类型为自变量，进行相关与回归分析，观察 6 种展示类型与展馆参观总时长之间的相关性，相关分析的结果如表 5 - 9 所示。

表 5－9 参观总时长与 6 种具体展示类型的相关分析（表格来源：本研究整理）

		I&T1 一般图文	I&T2 图文实物	M&I1 版面视频	M&I 播放厅	S&R1 实景复原	S&R2 设计复原	停留展馆时长
I&T1 一般 图文	Pearson 相关性							
	显著性（双侧）							
	N							
I&T2 图文 实物	Pearson 相关性	.743 **						
	显著性（双侧）	.000						
	N	296						
M&I1 版面 视频	Pearson 相关性	.519 **	.506 **					
	显著性（双侧）	.000	.000					
	N	296	296					
M&I2 播放厅	Pearson 相关性	.242 **	.281 **	.482 **				
	显著性（双侧）	.000	.000	.000				
	N	296	296	296				
S&R1 实景 复原	Pearson 相关性	.424 **	.463 **	.243 **	.190 **			
	显著性（双侧）	.000	.000	.000	.001			
	N	296	296	296	296			
S&R2 设计 复原	Pearson 相关性	.559 **	.513 **	.497 **	.305 **	.537 **		
	显著性（双侧）	.000	.000	.000	.000	.000		
	N	296	296	296	296	296		
展馆 停留 时长	Pearson 相关性	.597 **	.532 **	.303 **	.286 **	.432 **	.366 **	
	显著性（双侧）	.000	.000	.000	.000	.000	.000	
	N	296	296	296	296	296	296	

＊＊．在 .01 水平（双侧）上显著相关 ＊p＞0.05 ＊＊p＜0.01 ＊＊＊P＜0.001

　　从相关分析的结果可以看出，6 种具体的展示类型与展馆停留的总时长之间均存在显著相关，相关系数分别为 I&T1 一般图文 .597＊＊、I&T2 图文实物 .532＊＊、M&I1 版面视频 .303＊＊、M&I2 播放厅 .286＊＊、S&R1 实景复原 .432＊＊、S&R2 设计复原 .366＊＊，显著性均为.000强显著相关，另外6种展示类型之间也同样存在显著相关，说明6类展示类型之间具有相互影响的关系，进一步的回归分析如表5-10所示。

表5-10 展馆总时长与7种展示形式之间的回归分析（表格来源：本研究整理）

因变数	自变量	简单相关	标准化回归系数	T值	显著性 Sig.
展馆 停留时间 （n=296）	I&T1 一般图文	.597**	.462	6.490	.000
	I&T2 图文实物	.532**	.133	1.895	.059
	M&I1 版面视频	.303**	-.099	-1.633	.104
	M&I2 播放厅	.286**	.168	3.276	.001
	S&R1 实景复原	.432**	.205	3.718	.000
	S&R2 艺术 & 设计复原	.366**	-.073	-1.189	.235

R=.653a   Rsq=.427   f=35.85   sigmfF=.000   *p>0.05   **p<0.01   ***P<0.001

从回归分析的结果看，图文实物、版面视频和艺术设计复原三类展项不是展馆停留时间长短的成因，图文实物在回归显著性上几乎没有显著性（显著值为 sig=0.059），版面视频在图文展项中虽然是多媒体内容，但在很大程度上类似图文，因此在多媒体类别里并没有显示出足够的重要性，不足以构成展馆停留时长的成因，而艺术 & 设计复原作为场景复原的一种类型，虽然艺术品有着更加强烈的表现力，但是其展示信息的表达会相对更加含蓄。因此展馆中的艺术品相比一般展品而言，特别是和大量展品并置在一起的时候，其并没有对参观者在展馆中的停留时长造成足够的影响。而在其他几个有回归显著性的展示类型中，依据回归系数大小排序，分别为 I&T1 一般图文 .462 *** > S&R1 实景复原.205 *** > M&I2 播放厅.168 **。再次证明，在以图文为主要展示形式的展馆中，图文展项才是影响参观者在展馆中停留时间长短最主要的原因。

三、展馆参观时间与展项属性的关系

以展馆停留的总时长为依变量，展项的 5 个基本属性为自变量（展项面积大小、内容总体刺激性，环境总体照明度、展项区位、展项是否适宜停留度）进行相关与回归分析，观察哪些因素是造成参访者停留展馆时间较长的主要因素。相关分析的结果如表 5 – 11 所示。

表 5 – 11　展馆参观总时长与展项 5 个基本属性的相关分析（表格来源：**本研究整理**）

		E 内容刺激性	B 环境照度	L 区域位置	R 适宜停留	S 展项面积	展馆停留时长
E 内容刺激性	Pearson 相关性						
	显著性（双侧）						
	N	296					
B 环境照度	Pearson 相关性	.981**					
	显著性（双侧）	.000					
	N	296	296				
L 区域位置	Pearson 相关性	.972**	.992**				
	显著性（双侧）	.000	.000				
	N	296	296	296			
R 适宜停留	Pearson 相关性	.994**	.988**	.983**			
	显著性（双侧）	.000	.000	.000			
	N	296	296	296	296		
S 展项面积	Pearson 相关性	.963**	.969**	.946**	.962**		
	显著性（双侧）	.000	.000	.000	.000		
	N	296	296	296	296	296	
展馆停留时长	Pearson 相关性	.681**	.660**	.645**	.673**	.676**	
	显著性（双侧）	.000	.000	.000	.000	.000	
	N	296	296	296	296	296	

＊＊. 在 .01 水平（双侧）上显著相关　＊$p > 0.05$　＊＊$p < 0.01$　＊＊＊$P < 0.001$

从相关分析的结果可以看出，5 个展项的基本属性均与展馆的停留时长存在显著相关，其相关系数分别为 .681＊＊，.660＊＊，.645＊＊，.645，＊＊.673＊＊.676＊＊，显著性均为 .000。进一步的回归分析如表 5 － 12 所示。

表 5 － 12　展馆参观总时长与展项 5 个属性的回归分析（表格来源：本研究整理）

因变数	自变量	简单相关	标准化回归系数	T 值	显著性 Sig.
展馆停留时间（n ＝ 296）	E 内容刺激性	.681＊＊	.572	1.417	.158
	B 环境照度	.660＊＊	－ .170	－ .338	.735
	L 区域位置	.645＊＊	－ .340	－ .860	.390
	R 适宜停留	.673＊＊	.253	.496	.620
	S 展项面积	.676＊＊	.369	1.826	.069

R ＝ .691a　　Rsq ＝ .477　　f ＝ 52.951　　sigmfF ＝ .000　　＊p > 0.05　　＊＊p < 0.01　　＊＊＊P < 0.001

从回归分析的结果可以看出，虽然展项在 5 个方面的属性与展馆停留的总时长之间存在相关，但从回归分析的结果显示，没有一个影响要素与展馆停留时间之间的回归分析存在显著性，没有任何一个属性要素成为参访者在展馆中停留时间长短的主要原因。也就是说，从一个完整参观过程的视角考虑展示面积大小、展示内容刺激性、环境照度、区位位置、展项适宜停留度都不足以影响到参访者整个参访过程的时长问题。但是进一步缩小考量的范围，展项的基本属性是否与具体的展示形式之间存在相关性，或者说是否会影响到参访者在某种展示形式上的参访行为。

第四节 展示形式与展项属性的关系分析

目的：探索不同展示形式与展项基本属性的内在关系，观察观众在各展示形式面前的停留时长与展项属性之间的关系，并找到影响停留时长的原因。

思路：第一步探索三类展项与展项 5 属性之间的关系；第二步探索三类展项与具体展项在 5 属性层面的关系。

方法：将 3 种展示形式作为依变量，5 个展项属性为自变量进行相关与回归分析。观察相互之间的内在关系，进一步寻找影响参观者在展项面前停留时长的原因，分别涉及以下几个层面的内容（如图 5 - 8 所示）：

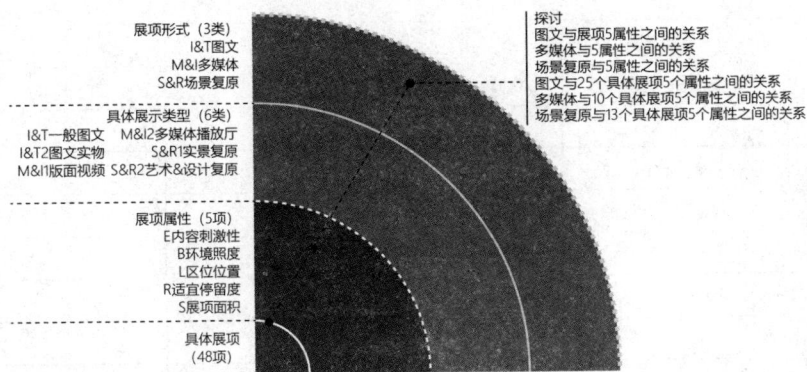

图 5 - 8 展示形式与展项属性间的关系（图片来源：本研究绘制）

1. 图文展示与展项 5 属性之间的关系；

2. 多媒体与展项 5 属性之间的关系；

3. 场景复原与展项 5 属性之间的关系；

4. 图文与 25 个具体展项与 5 个属性之间的关系；

5. 多媒体与 10 个具体展项与 5 个属性之间的关系；

6. 场景复原与 13 个具体展项与 5 个属性之间的关系。

一、展示形式与展项属性的关系分析

为了解图文、多媒体与场景复原与展项 5 属性之间的关系，分别将展示类型为依变量，展项 5 属性为自变量进行相关分析，结果如表 5 - 13 ~ 表 5 - 15 所示。

表 5 - 13　图文展示形式与展项 5 属性之间的相关性分析（表格来源：本研究整理）

		L 区域位置	S 展项面积	R 适宜停留度	B 环境照度	E 内容刺激性	I&T 图文停留时间
L 区域位置	Pearson 相关性						
	显著性（双侧）						
	N						
S 展项面积	Pearson 相关性	.946 **					
	显著性（双侧）	.000					
	N	296					
R 适宜停留度	Pearson 相关性	.983 **	.962 **				
	显著性（双侧）	.000	.000				
	N	296	296				
B 环境照度	Pearson 相关性	.992 **	.969 **	.988 **			
	显著性（双侧）	.000	.000	.000			
	N	296	296	296			
E 内容刺激性	Pearson 相关性	.972 **	.963 **	.994 **	.981 **		
	显著性（双侧）	.000	.000	.000	.000		
	N	296	296	296	296		

106

		L 区域位置	S 展项面积	R 适宜停留度	B 环境照度	E 内容刺激性	I&T 图文停留时间
I&T 图文停留时长	Pearson 相关性	.714**	.749**	.745**	.737**	.746**	
	显著性（双侧）	.000	.000	.000	.000	.000	
	N	296	296	296	296	296	

＊＊. 在 .01 水平（双侧）上显著相关。＊ p>0.05　＊＊ p<0.01　＊＊＊P<0.001

表 5 –14　多媒体展示形式与展项 5 属性之间的相关性分析

（表格来源：本研究整理）

		L 区域位置	S 展项面积	R 适宜停留度	B 环境照度	E 内容刺激性	M&I 多媒体
L 区域位置	Pearson 相关性						
	显著性（双侧）						
	N						
S 展项面积	Pearson 相关性	.946**					
	显著性（双侧）	.000					
	N	296					
R 适宜停留度	Pearson 相关性	.983**	.962**				
	显著性（双侧）	.000	.000				
	N	296	296				
B 环境照度	Pearson 相关性	.992**	.969**	.988**			
	显著性（双侧）	.000	.000	.000			
	N	296	296	296			
E 内容刺激性	Pearson 相关性	.972**	.963**	.994**	.981**		
	显著性（双侧）	.000	.000	.000	.000		
	N	296	296	296	296		
M&I 多媒体停留时长	Pearson 相关性	.628**	.553**	.663**	.602**	.671**	
	显著性（双侧）	.000	.000	.000	.000	.000	
	N	296	296	296	296	296	

＊＊. 在 .01 水平（双侧）上显著相关 ＊ p>0.05　＊＊ p<0.01　＊＊＊P<0.001

表 5 – 15　场景复原展示形式与展项 5 属性之间的相关性分析

（表格来源：本研究整理）

		L 区域位置	S 展项面积	R 适宜停留度	B 环境照度	E 内容刺激性	S&R 场景复原
L 区域位置	Pearson 相关性						
	显著性（双侧）						
	N						
S 展项面积	Pearson 相关性	.946 **					
	显著性（双侧）	.000					
	N	296					
R 适宜停留度	Pearson 相关性	.983 **	.962 **				
	显著性（双侧）	.000	.000				
	N	296	296				
B 环境照度	Pearson 相关性	.992 **	.969 **	.988 **			
	显著性（双侧）	.000	.000	.000			
	N	296	296	296	296		
E 内容刺激性	Pearson 相关性	.972 **	.963 **	.994 **	.981 **		
	显著性（双侧）	.000	.000	.000	.000		
	N	296	296	296	296		
S&R 场景复原停留时长	Pearson 相关性	.400 **	.398 **	.417 **	.407 **	.427 **	
	显著性（双侧）	.000	.000	.000	.000	.000	
	N	296	296	296	296	296	

＊＊. 在 .01 水平（双侧）上显著相关　＊ $p > 0.05$　＊＊ $p < 0.01$　＊＊＊ $P < 0.001$

从以上分析的结果看，3 类不同的展示形式与展项属性之间均存在显著相关，根据进一步的回归分析观察各展示形式与展示 5 属性之间的因果关系，并观察比较各属性在不同展示形式方面产生的作用大小差异。

表 5 – 16   图文展示形式与展项 5 个属性之间的回归分析

因变量: I&T 图文		非标准化系数		标准系数	t	Sig.
		B	标准 误差	试用版		
1	（常量）	− .554	.269		− 2.059	.040
	L 区域位置	− .948	.362	− .926	− 2.622	.009
	S 展项面积	.304	.195	.282	1.561	.120
	R 适宜停留度	.557	.336	.754	1.656	.099
	B 环境照度	.619	.450	.618	1.374	.170
	E 内容刺激性	.020	.356	.021	.058	.954

R = .763a   Rsq = .582   F = 80.743   sigmfF = .000b   ＊ p ＞ 0.05   ＊＊ p ＜ 0.01   ＊＊＊ P ＜ 0.001

表 5 – 17   多媒体展示形式与展项 5 个属性之间的回归分析

		非标准化系数 B	标准 误差			
1	（常量）	.124	.234		.529	.597
	L 区域位置	.914	.314	.980	2.908	.004
	S 展项面积	− .681	.169	− .692	− 4.021	.000
	R 适宜停留度	.801	.292	1.189	2.739	.007
	B 环境照度	− 2.204	.391	− 2.412	− 5.632	.000
	E 内容刺激性	1.407	.309	1.568	4.556	.000

R = .788a   Rsq = .620   F = 94.730   sigmfF = .000b

表 5 – 18   场景复原展示形式与展项 5 个属性之间的回归分析

	Sig.	非标准化系数 B	标准 误差	标准系数试用版		t
1	（常量）	1.212	.279		4.348	.000
	L 区域位置	− .258	.375	− .340	− .690	.491
	S 展项面积	− .168	.202	− .209	− .831	.407
	R 适宜停留度	− .195	.348	− .356	− .561	.575
	B 环境照度	.223	.466	.300	.479	.633
	E 内容刺激性	.745	.368	1.018	2.023	.044

R = .435a   Rsq = .189   F = 13.534   sigmfF = .000b

从回归分析的结果看，①图文展示形式与展项5属性的关系，只有展项的区域位置属性是观众在图文展项面前停留时间长短的主要原因，其标注化回归系数为－.926＊＊，显著性为.009，其他各项均没有构成图文停留时长的原因（如表5－16所示）；②多媒体展示形式方面，所有的5个属性均与多媒体停留时长有回归的显著性，从回归系数看环境照明（回归系数－2.412＊＊＊，显著性.000）＞内容刺激性（回归系数1.568＊＊＊，显著性.000）＞展位的适宜停留度（回归系数1.189＊＊，显著性.007）＞展项面积（回归系数－.692＊＊＊，显著性.000）和区域位置（回归系数－980＊＊，显著性.004），与图文展示形式不同，展项的环境照明成为影响多媒体展项停留时长的最主要原因，其次是内容的刺激性（如表5－17所示）；③场景复原方面，只有内容刺激性与场景复原的停留时长存在回归的显著性（归系数为1.018＊，显著性为.044）（如表5－18所示）。

结论：展示属性对不同展示形式的参观时长的影响并不相同，相比而言图文展项中更重要的属性是区域位置；对场景复原展项停留时长影响较大的是内容刺激性；对多媒体展示形式而言，多媒体的5个属性对观众在其面前停留的时长均有一定影响，其中影响最大的是展项环境照度，因此针对不同的展示形式，要进行有针对性的设计，只有把其关键属性（对参观者停留时长影响最大的属性）不断放大，才能最大程度地影响参观者的参观注意力，最终达到提高文化信息传播的根本目的。

以上从展示形式层面论证了展示形式与展示属性的关系，但要更加具体了解展示形式的停留时长与展项属性的关系，需要进一步从更加微观的角度进行分析。

二、图文与具体展项属性的关系分析

为进一步了解展项属性与展示形式的具体关系，将展示形式的停留时长作为依变量，将具体展项的属性作为自变量进行相关与回归分析，更进一步地观察展项属性对展示形式参观停留时长的影响。考察具体展项属性与图文展项停留时长之间的关系，相关分析的结果如表 5 - 19 所示。

从相关分析的结果看，单个展项的 5 个属性与图文展示形式之间的相关性完全一致（故此处将相关性整理在同一张表格内），只有第 3 展项在 5 个属性方面与展示形式没有相关性（相关系数为 .103，显著性为 .076），其中第 6 展项的相关系数为 .116 *，显著性为 .045；第 42 展项的相关系数为 .195 * *，显著性为 .001；第 43 展项的相关系数为 .125 *，显著性为 .032。其他各展项均与其展示形式的停留时长保持着强显著相关（显著性均为 .000）。

表 5－19　图文展示与具体展项属性的相关性（表格来源：本研究整理）

展位区域	3L－2	6L－3	10L－4	11L－4	12L－4	15L－5	17L－5	18L－5	20L－5	23L－5	24L－6	26L－6
展位面积	3s－10	6s－10	10s－3	11s－10	12s－10	15s－6	17s－7	18s－7	20s－9	23s－5	24s－5	26s－10
停留度	3R－10	6R－10	10R－6	11R－9	12R－10	15R－8	17R－10	18R－10	20R－10	23R－8	24R－10	26R－10
环境照度	3B－2	6B－5	10B－5.5	11B－7.5	12B－6	15B－6	17B－7	18B－6	20B－5.5	23B－6	24B－6	26B－6
内容刺激	3E－8	6E－6	10E－6	11E－6	12E－6	15E－8	17E－8	18E－8	20E－8	23E－9	24E－8	26E－8
相关系数	0.103	.116*	.467**	.271**	.263**	.374**	.391**	.407**	.305**	.403**	.444**	.325**
sig	0.076	0.045	0.000	0.000	0.000	0.000	0.000	0.000	0.000	0.000	0.000	0.000

展位区域	31L－7	32L－7	35L－7	36L－8	37L－8	38L－8	40L－8	41L－8	42L－8	43L－9	45L－9	46L－10
展位面积	31s－5	32s－7	35s－9	36s－10	37s－4	38s－5	40s－6	41s－5	42s－9	43s－7	45s－7	46s－4
停留度	31R－9	32R－10	35R－8	36R－10	37R－9	38R－8	40R－8	41R－9	42R－8	43R－8	45R－8	46R－7
环境照度	31B－7	32B－7	35B－7	36B－8	37B－7.5	38B－7.5	40B－7	41B－8	42B－8.5	43B－6.5	45B－8	46B－8.5
内容刺激	31E－5	32E－5	35E－5	36E－6	37E－6	38E－8	40E－7	41E－6	42E－4	43E－5	45E－5	46E－5
相关系数	.380**	.257**	.436**	.400**	.411**	.325**	.284**	.288**	.195**	.125*	.257**	.413***
sig	.000	.000	.000	.000	.000	.000	.000	.000	0.001	0.032	.000	.000

*p＞0.05　**p＜0.01　***P＜0.001　依变量图文展项停留时间　N＝296

考察第3展项（如图5-9所示），基本涵盖了整个第二展区，区域位置方面属于展馆最开始部分；面积方面在整个展馆中面积最大；适宜停留度方面也没有任何停留的障碍（停留度得分10分最高）；照度方面是最暗的展项（亮度得分2分最低）；内容刺激性方面同时也属于得分最高的展项（8分最高）（如图5-4所示）。正是第3展项存在的这些特殊性，造成了与其展示形式之间失去了相关性。而在相关性上较弱的第6/42/43展项，也同样在各个属性方面存在一定的特殊性。

另外展项5个属性与图文停留时长的相关性具有的一致性能够从理论上说明，展项属性是构成展项不可或缺的部分，具有很强的整体性，每一个属性都是难以从展项中具体分离出来的。

图5-9　具有特殊性的第3展项（图片来源：展馆官网）

为进一步探知图文展示形式的哪些属性与图文展项的停留时间存在因果关系，在相关分析的基础上继续进行回归分析。从回归分析的结果看，图文展项的5个属性与各自停留时长之间也保持着同样的一致性，因为相关系数、显著值以及T值完全相同，故将不同属性的参数整理到一张表格方便比较（如表 5 - 20 所示）。

表 5 - 20　图文展示形式的 5 个属性与图文展示停留

时长之间的回归分析（表格来源：本研究整理）

依变量	区位位置	展位面积	停留度	环境照明	内容刺激	简单相关	标准系数	t	Sig.
	6L - 3	6s - 10	6R - 10	6B - 5	6E - 6	.116 *	0.025	0.681	0.497
	10L - 4	10s - 3	10R - 6	10B - 5.5	10E - 6	.467 **	0.184 ***	4.339	0.000
	11L - 4	11s - 10	11R - 9	11B - 7.5	11E - 6	.271 **	0.118 **	3.009	0.003
	12L - 4	12s - 10	12R - 10	12B - 6	12E - 6	.263 **	0.107 **	2.744	0.006
	15L - 5	15s - 6	15R - 8	15B - 6	15E - 8	.374 **	0.074	1.299	0.195
	17L - 5	17s - 10	17R - 10	17B - 7	17E - 8	.391 **	0.096	1.563	0.119
	18L - 5	18s - 7	18R - 10	18B - 6	18E - 8	.407 **	0.118 *	2.347	0.020
	20L - 5	20s - 9	20R - 10	20B - 5.5	20E - 8	.305 **	0.170 ***	4.258	0.000
	23L - 5	23s - 5	23R - 8	23B - 6	23E - 9	.403 **	0.073	1.671	0.096
	24L - 6	24s - 5	24R - 10	24B - 6	24E - 8	.444 **	0.134 **	3.079	0.002
图文展	26L - 6	26s - 10	26R - 10	26B - 6	26E - 8	.325 **	0.081 *	2.004	0.046
项的停	29L - 7	29s - 6	29R - 8	29B - 7	29E - 5	.344 **	0.071	1.578	0.116
留时长	31L - 7	31s - 5	31R - 9	31B - 7	31E - 5	.380 **	0.118 **	2.758	0.006
N = 296	32L - 7	32s - 7	32R - 10	32B - 7	32E - 5	.257 **	0.010	0.243	0.808
	35L - 7	35s - 9	35R - 9	35B - 7	35E - 5	.436 **	0.139 **	3.337	0.001
	36L - 8	36s - 10	36R - 10	36B - 8	36E - 6	.400 **	0.064	1.301	0.194
	37L - 8	37s - 4	37R - 9	37B - 7.5	37E - 6	.411 **	0.053	1.066	0.287
	38L - 8	38s - 5	38R - 8	38B - 7.5	38E - 8	.325 **	0.040	0.906	0.366
	40L - 8	40s - 6	40R - 8	40B - 7	40E - 7	.284 **	0.075	1.812	0.071
	41L - 8	41s - 5	41R - 9	41B - 8	41E - 6	.288 **	- 0.033	- 0.745	0.457
	42L - 9	42s - 9	42R - 9	42B - 8.5	42E - 4	.195 **	0.039	0.946	0.345
	43L - 9	43s - 7	43R - 8	43B - 6.5	43E - 5	.125 *	- 0.045	- 1.172	0.242
	45L - 9	45s - 7	45R - 7	45B - 8	45E - 5	.257 **	- 0.019	- 0.439	0.661
	46L - 10	46s - 4	46R - 7	46B - 8.5	46E - 5	.413 **	0.061	1.293	0.197

依变量	区位位置	展位面积	停留度	环境照明	内容刺激	简单相关	标准系数	t	Sig.
	R=.811a	R=.811a	R=.811a	R=.811a	R=.811a		*p<0.5		
	Rsq=.627	Rsq=.627	Rsq=.627	Rsq=.627	Rsq=.627		**p<0.01		
	f=21.625	f=21.625	f=21.625	f=21.625	f=21.625		***P<0.001		
	sig=.000	sigm=.000	sig=.000	sig=.000	sig=.000				

由于回归分析的结果存在严格的一致性，故将分析的重点放在自变量上，从数据反映的结果看，存在以下几个方面的规律。

（1）区位位置：48个展项的得分范围为3—10分，与图文展示形式存在回归显著性的展项主要集中在展馆的中部，即第4/5/6/7展区，在这几个展区中每个展区都有两个展项的回归系数呈现回归的显著性。如第四展区有3项全部呈现出回归的显著性；第五展区共5个展项，其中有2项呈现出回归的显著性；第六展区共2项全部呈现出回归的显著性；第7展区共4项有2项呈现出回归的显著性。总体而言这些呈现出回归显著性的展项全部位居"展馆中部"，而在展馆后部的8/9/10展区里的所有展项都没有与图文展示形式的停留时长呈现出显著的回归显著性。

结论：这从整体上说明展项的位置设置与其停留时长关系紧密，特别是展馆中部的位置特别适合设置图文展项，展馆中部是决定在图文展项面前停留时长的关键部分。

（2）展位面积：以相关分析为基础，本馆展位面积得分的范围为3—10分，从回归系数反映到展项上的结果看，与图文展项停留时长存在回归显著性的展项主要集中在得分最低和最高的展项上面，如第10项得分为3，其他第11/12/26展项分别为10分，中间分值的展项较少呈现出回归的显著性。

结论：图文展项面积的两极化（极大或极小）更容易引起参观者的观看行为，并会让参观者在此停留更长的时间。

（3）适宜停留度：以相关分析为基础，本馆展项的适宜停留度得分范围为 6—10 分，在 9 项具有回归显著性的展项中，有 8 项的得分为9—10 分，其中 5 项得分为 10 分，这说明图文展项的适宜停留度会极大影响参观者的观看行为。

结论：图文展项面前，停留度越好越容易吸引观众参观。

（4）环境照明：以相关分析为基础，本馆环境照度的得分范围为5—8.5 分，从回归分析的结果看，呈现出回归显著性的展项，其照度方面的得分基本集中在 5.5—7.5 分，而大部分集中在 6—7.5 分，即基本集中在光照条件相对中间的部分。

结论：光照条件太暗或太亮都不利于图文展项的参观，光照适中最适合参观者停留，图文展项的设计应注意光照环境的适中性。

（5）内容刺激性：以相关分析为基础，本馆内容刺激性的得分范围为 4—8 分，其中得分为 5 分的有 2 项、得分为 6 分的有 3 项、得分为 8 分的有 4 项，相比而言，图文展项在内容刺激性方面的表现没有呈现出明显的规律性，刺激程度不同的展项均与图文停留时长之间呈现出了回归的显著性。

结论：观众对图文展项内容刺激性的选择不是很明显，这与图文展项相对平和的表现力有一定关系。

图文展项作为本类展馆最主要的展示方式，其展项属性对图文停留时长的影响是综合而复杂的，判断图文展项能否吸引参观者停留也不能完全仅仅通过数字进行判断，比如第 10 展项"难民潮"（如图 5 - 10所示），本展项处在展馆的拐角处，适宜停留度得分最低，展位的环境照度也相对较低，内容刺激性也不是最大，但却与图文停留时长之间存在着回归的显著性，这与展项自身图片的相对尺寸有很大关系，绝对尺寸的大小很多时候能够取代相对尺寸大小带来的视觉影响，图片绝对尺寸越大，视觉吸引力越大。

图 5-10 单张图片的绝对尺寸大能够极大延长参观时长（图片来源：展馆官网）

三、多媒体与具体展项属性的关系分析

以多媒体展示形式的停留时间为依变量，10 个具体多媒体展项为自变量进行相关与回归分析，具体如表 5-21 所示。

从相关分析的结果看，所有多媒体展项与其停留时长之间均存在显著性相关，为探知多媒体与展项位置存在因果关系，在相关分析的基础上继续进行回归分析，结果如表 5-22 所示。

表 5 - 21　多媒体展示形式与具体展项属性之间的相关性（表格来源：本研究整理）

位置	2L - 1	7L - 3	13L - 4	16L - 5	22L - 5	25L - 6	28L - 6	34L - 7	39L - 8	44L - 9
面积	2s - 9	7s - 2	13s - 2	16s - 2	22s - 2	25s - 2	28s - 3	34s - 2	39s - 2	44s - 3
停留度	2R - 2	7R - 9	13R - 7	16R - 9	22R - 10	25R - 9	28R - 9	34R - 10	39R - 7	44R - 10
环境照度	2B - 4	7B - 4.5	13B - 6	16B - 6	22B - 5.5	25B - 6	28B - 2	34B - 3	39B - 7	44B - 3
内容刺激性	2E - 5	7E - 5	13E - 6	16E - 8	22E - 8	25E - 9	28E - 9	34E - 7	39E - 6	44E - 6
相关系数	.498**	.499**	.478**	.424**	.547**	.577***	.597***	.475***	.458**	.368**
显著性	.000	.000	.000	.000	.000	.000	.000	.000	.000	.000

* p > 0.05　** p < 0.01　* * * P < 0.001　依变量 多媒体展项停留时间（N = 296）

表 5-22　展项属性与多媒体展示形式的回归分析（表格来源：本研究整理）

依变量	区位位置	展位面积	停留度	环境照明	内容刺激	简单相关	标准回归系数	T值	显著性
多媒体展示形式	7L-3	7s-2	7R-9	7B-4.5	7E-5	.499**	.124**	3.475	.001
	13L-4	13s-2	13R-7	13B-6	13E-6	.478**	.081*	2.291	.023
	16L-5	16s-2	16R-9	16B-6	16E-8	.424**	.093**	2.683	.008
	22L-5	22s-2	22R-10	22B-5.5	22E-8	.547**	.173***	4.745	.000
	25L-6	25s-3	25R-9	25B-6	25E-9	.577**	.184***	4.908	.000
	28L-6	28s-3	28R-9	28B-2	28E-9	.597**	.297***	8.637	.000
	34L-7	34s-2	34R-10	34B-3	34E-7	.475**	.216***	6.623	.000
	39L-8-5	39s-2	39R-7	39B-7	39E-6	.458**	.159***	4.738	.000
	44L-9-7	44s-3	44R-10	44B-3	44E-6	.368**	.108**	3.331	.001
	$R=.857a$ $Rsq=.734$ $F=87.558$ $sig=.000b$	$R=.862a$ $Rsq=.743$ $F=82.277$ $sig=.000b$	$R=.862a$ $Rsq=.743$ $F=82.277$ $sig=.000b$	$R=.862a$ $Rsq=.743$ $F=82.277$ $sig=.000b$	$R=.862a$ $Rsq=.743$ $F=82.277$ $sig=.000b$		$* p<0.5$ $* * p<0.01$ $* * * P<0.001$		

119

从回归分析的结果看，除第 2 展项外，不同位置的展项均与多媒体展项停留的时长存在回归的显著性，回看第 2 展项为流星展项，其所属位置处在 1/2 展厅的节点上，并在参观过程中有服务人员提醒不要逗留，受人为的影响较大，这可能是回归分析无显著性结果的主要原因。其中第 22/25/28/34/39 展项与多媒体展示形式之间呈现出了回归的强显著性，显著值为 .000，第 7/44 展项项的显著性为 .001，第 13 展项回归的显著性为 .023，第 16 展项回归的显著性为 .008。从回归的标准化系数看，其回归的贡献值大小为 28 > 34 > 25 > 22 > 39 > 7 > 44 > 16 > 13，反过来观察自变相的分值可以看出哪些展项对多媒体展项的停留时长贡献度更大。

（1）区位位置，以相关分析为基础，得分范围从 3—9 分，从表中回归系数的大小判断，对多媒体展示停留时长贡献最大的展项主要集中在第 6/7 展区，这几个展区同样位于展馆的中间区域。

结论：展馆中任何位置的多媒体展项都与多媒体展项的停留时长呈现出了回归的显著性，但是相比而言展馆中部的多媒体展项对停留时长的贡献更大。

（2）展位面积，以相关分析为基础，本馆展位面积得分的范围为 2—3 分，从回归系数反映到展项上的结果看，多媒体展项的面积非常接近。

结论：多媒体展项面积大小在停留时长上的贡献度差异不大，展项面积的大小对展项停留时长的影响不大，这与图文展示面积对停留时间长短的影响较大的结果相反，这或许与多媒体本身较强的感染力有关。

（3）适宜停留度，以相关分析为基础，本馆适宜停留度的得分范围为 7—10 分，从回归系数大小看，排名在前三的多媒体适宜停留度得分为 9 或 10 分。由于所有多媒体展项的适宜停留度得分均比较高，并且所有多媒体展项与其停留时长之间均存在回归的显著性，因此还不能明确判断适宜停留度大小对多媒体停留时长带来的影响差异。

结论：多媒体展项的适宜停留度对停留时长的影响尚不明确。

（4）环境照明，以相关分析为基础，本馆环境照度的得分范围为 2—7 分，从回归分析的结果看，呈现回归显著性排名前三的展项中，其环境照度的得分分别为 2/3/6，由此可见环境照度较低的多媒体展项其停留时长影响相对较大，相比大量得分较高的多媒体展项，其对停留时长的贡献度较小。

结论：光照条件较暗的多媒体展项更加容易吸引参观者的参观行为，这与多媒体展项本身具有发光的属性有一定关系，较暗的照明环境对观看多媒体更加适宜，这是心理与生理感受共同作用于多媒体展项的结果。

（5）内容刺激性，以相关分析为基础，本馆内容刺激性的得分范围为 5—9 分，从标准化回归系数看，排名前三的多媒体展项有 2 项得分最高。由此可见多媒体展项的内容刺激性对停留时间具有一定的选择性，相对而言内容刺激程度高的展项更容易引起参观者的参观。

结论：内容刺激性能在一定程度上对参观者在多媒体展项面前的参观行为有促进作用。

四、场景复原与具体展项属性的关系分析

此阶段单独以展馆内 12 个场景复原为自变量，场景复原展项的停留时长为依变量进行相关与回归分析，考察具体展项属性与场景复原展项停留时长之间的关系，相关分析的结果如表 5 - 23 所示。

表5-23　场景复原质与具体展项属性间的相关分析(表格来源:本研究整理)

	1L-1	4L-2	5L-2	8L-3	9L-4	14L-4	19L-5	21L-5	27L-6	30L-7	33L-7	47L-10	48L-10
位置	1L-1	4L-2	5L-2	8L-3	9L-4	14L-4	19L-5	21L-5	27L-6	30L-7	33L-7	47L-10	48L-10
面积	1s-10	4s-7	5s-10	8s-2	9s-10	14s-10	19s-10	21s-4	27s-4	30s-2	33s-2	47s-10	48s-10
停留度	1R-2	4R-10	5R-7	8R3-4	9R-3	14R-8	19R-10	21R-9	27R-10	30R-8	33R-9	47R-8	48R-9
环境照度	1B-5	4B-3.5	5B-4	8B-4	9B-3.5	14B-5	19B-6.5	21B-5.5	27B-7.5	30B-7.5	33B-7.5	47B-8	48B-9
内容刺激性	1E-6	4E-6	5E-5	8E-6	9E-8	14E-8	19E-9	21E-8	27E-6	30E-4	33E-6	47E-6	48E-6
相关系数	.190**	.101	.198**	.166**	.104	.287**	.170**	.220**	.152**	.254**	.265**	.281**	.190**
显著性	.001	.082	.001	.004	.074	.000	.003	.000	.009	.000	.000	.000	.001

$*p>0.05$　$**p<0.01$　$***P<0.001$　依变量 多媒体展质停留时间 (N=296)

122

从相关分析的结果看：只有第 4 展项（相关系数为 .101，显著值为 .082）、第 9 项（相关系数 .104，显著值为 .074）与场景复原展项的停留时间无显著相关，其他都存在显著性相关。回看第 4 展项为"铁书"展项，处在第二展厅中间部分，第 9 项为"街头场景复原"，处在第 3/4 展厅的过渡区，为探知场景复原展项的 5 个属性与停留时长之间的因果关系，在相关分析的基础上继续进行回归分析（如表 5 - 24 所示）。

表 5 - 24　场景复原与具体展项 5 属性之间的回归分析（表格来源：本研究整理）

依变量	区域位置	展项面积	适宜停留	环境照度	刺激性	简单相关	回归系数	T 值	显著性
	5L - 2	5s - 10	5R - 7	5B - 4	5E - 5	.198 **	.120	2.210	.028
	8L - 3	8s - 2	8R3 - 4	8B - 4	8E - 6	.166 **	.112	2.148	.033
	9L - 4	9s - 10	9R - 3	9B - 3.5	9E - 8	.104	.049	.949	.343
	14L - 4	14s - 10	14R - 8	14B - 5	14E - 8	.287 **	.241	4.591	.000
	19L - 5	19s - 10	19R - 10	19B - 6.5	19E - 9	.170 **	.128	2.341	.020
	21L - 5	21s - 4	21R - 9	21B - 5.5	21E - 6	.220 *	.135	2.503	.013
场景复原	27L - 6	27s - 4	27R - 10	27B - 7.5	27E - 6	.152 **	.073	1.277	.203
	30L - 7	30s - 2	30R - 8	30B - 7.5	30E - 4	.254 **	.109	1.968	.050
	33L - 7	33s - 2	33R - 9	33B - 7.5	33E - 6	.265 **	.131	2.294	.023
	47L - 10	47s - 10	47R - 8	47B - 8	47E - 6	.281 **	.033	.594	.553
	48L - 10	48s - 10	48R - 9	48B - 9	48E - 6	.193 **	.014	.269	.788
	R = .507a	R = .531a	R = .538a	R = .538a	R = .538a	* P < 0.05			
	Rsq = .257	Rsq = .282	Rsq = .290	Rsq = .290	Rsq = .290	** P < 0.01			
	F = 8.939	F = 9.250	F = 8.854	F = 8.854	F = 8.854	*** P < .001			
	sig = .000b	sig = .000b	sig = .000b	sig = .000b	sig = .000b				

由于回归分析的结果存在着绝对的一致性，故将分析的重点放自变量上面，从数据反映的结果看，存在以下几个方面的规律。

（1）区位位置，以相关分析为基础，区位位置的得分范围为 2—10

分，与场景复原展示停留时长存在回归显著性的展项没有呈现出区位的集中性，在第2/3/4/5/7展区均有部分展项与场景复原停留时长存在回归的显著性。

结论：从区位角度看，场景复原展项不会因为位置的不同而产生停留时长方面的差异，这很有可能是场景复原展项有相对较强感染力的原因。

（2）展位面积，以相关分析为基础，本馆展位面积得分的范围为2—10分，从回归系数反映到展项上的结果看，与场景复原展项停留时长存在回归显著性的展项既有最小的（第8/30/33展项，得分仅为2）也有最大的（第5/14/19展项，得分为10分），且分布相对比较均匀。

结论：场景复原展项面积的大小基本不会影响参观者在场景复原展项面前的停留时长。

（3）适宜停留度，以相关分析为基础，本馆适宜停留度的得分范围为3—10分，从分值分布的情况看，与场景复原停留时长存在回归显著性的展项分值范围没有明显规律，分别有第8展项4分、第5展项7分、第14/30展项8分、第21/33展项9分，分值分布比较分散。

结论：场景复原不会因为展位适宜停留度的好坏而呈现停留时长上的差异，适宜停留度对场景复原展项停留时长的影响不大。

（4）环境照明，以相关分析为基础，本馆环境照度的得分范围为3.5—9分，从回归分析的结果看，呈现回归显著性的展项在照度方面的得分基本集中在4—7.5分，最暗的3.5分和最亮的8/9分均没有呈现回归的显著性，也就是光照条件对场景复原的影响相对集中在照度比较适中的部分。

结论：光照条件太暗或太亮都会对场景复原展项的参观时长有负面

的影响，光照适中最适合参观者的停留。

（5）内容刺激性，以相关分析为基础，本馆内容刺激性的得分范围为4—9分，分布情况相对比较均匀，第30展项4分、第5展项5分、第8/33展项6分、第14/21展项8分以及第19展项9分，基本没有集中趋势。

结论：观众对场景复原展项的内容刺激程度的选择性不明显，这与场景复原展项相对较强的表现力与感染力有关，在生动的展示形式面前，内容的刺激性被大大弱化了。

第五节　影响信息传播的其他因素分析

一、观众主体差异对展示形式与展馆参观时长的影响

目的：参观主体的差异是否对展示形式与展馆参观总时长的变化存在一定的影响，是否在展示形式与展馆参观总时长之间存在中介效应。如果存在影响，则要求展馆策划设计过程中要适度考虑参观主体自身的差异对展馆参观时长的影响，根据不同的观众定位选择更适合的展示形式，反之亦然。

方法：以参观者主体特征（如性别、年龄和参观态度）作为调节变量，以展示形式作为自变量，展馆参观总时长为因变量，进行回归分析。通过fisher Z检定判定是否因为参观主体的内在差异，会在展示形式与参观总时长之间产生影响（如图5-11所示）。

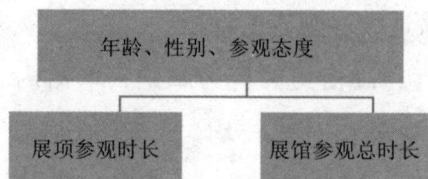

图 5 – 11　主观因素在展示形式与参观总时长的中介作用假设

（图片来源：本研究绘制）

二、观众性别对展示形式与参观总时长的影响

以观众的性别为调节变量，图文展示形式、多媒体及场景复原的停留时长为自变量，展馆参观总时长为依变量进行回归分析，结果如表 5 – 25、表 5 – 26、表 5 – 27 所示。2 个群组在图文展项、多媒体以及展馆停留总时长之间均有回归的显著性。为考察这 2 个群组之间是否存在显著不同，依据非标准化回归系数和标准误差进行 fisher Z 检定来观察其相互之间的关系（如表 5 – 28 所示）。

表 5 – 25　不同性别在图文与展馆参观时长之间的回归分析

（表格来源：本研究整理）

性别 1：男 2：女		模型	非标准化系数		标准系数	t	Sig.
			B	标准 误差	试用版		
男	1	（常量）	5.116	.346		14.804	.000
		I&T 图文	1.337	.131	.624	10.221	.000
女	1	（常量）	6.019	.374		16.105	.000
		I&T 图文	1.067	.138	.563	7.709	.000

a. 因变量：停留时长

表5-26 不同性别在多媒体与展馆参观时长之间的回归分析

(表格来源：本研究整理)

性别 1：男 2：女	模型		非标准化系数		标准系数	t	Sig.
			B	标准 误差	试用版		
男	1	（常量）	7.213	.333		21.661	.000
		M&I 多媒体	.724	.179	.302	4.050	.000
女	1	（常量）	7.269	.339		21.468	.000
		M&I 多媒体	.790	.167	.387	4.743	.000

a. 因变量：停留时长

表5-27 不同性别在场景复原与展馆参观时长之间的回归分析

(表格来源：本研究整理)

性别 1：男 2：女	模型		性别非标准化系数		标准系数	t	Sig.
			B	标准 误差	试用版		
男	1	（常量）	5.368	.484		11.087	.000
		S&R 场景复原	1.246	.189	.457	6.576	.000
女	1	（常量）	5.557	.558		9.963	.000
		S&R 场景复原	1.267	.216	.460	5.856	.000

a. 因变量：停留时长

表5-28 性别为比较对象的 fisher Z 检定结果

(表格来源：本研究整理)

比较构面	比较组	Z 值	结论	备注
图 文	男女	1.419	不存在差异	z 的绝对值大于 1.96 则说明 不同群中之间的回归斜率有 显著差异
多媒体	男女	-0.270	不存在差异	
场景复原	男女	-0.073	不存在差异	

通过 fisher Z 检定的结果可以看出，图文展项的 Z 值为 1.4189；多媒体展项的 Z 值为 -0.270；场景复原的 Z 值为 -0.073，所有 Z 值的绝

对值均小于参考值 1.96，因此可以判定男生群组和女生群组之间没有显著差异。

结论：在本馆参观过程中，3 大展示形式对展馆参观总时长的影响不存在男女性别的差异，男女性别在展示形式和展馆停留总时长之间不存在调节作用。

三、观众态度对展示形式与参观总时长的影响

以观众参观态度为调节变量，图文展示形式、多媒体以及场景复原为自变量，展馆参观总时长为依变量，进行回归分析，结果如表 5 –29、表 5 – 30、表 5 – 31 所示。3 个群组在图文展项的停留时长中，只有认真群组具有回归的显著性，其标准化回归系数为 . 339 ＊＊，显著性为 0.001，其他群组在图文与展项停留总时长方面没有呈现出回归的显著性；多媒体方面所有群体在多媒体与展馆停留时长之间均没有呈现出回归的显著性；场景复原方面只有不认真群组在场景复原和展馆停留时长之间具有回归的显著性，其标准化回归系数为 . 240 ＊，显著值为. 024 ＜0.05。由以上结果可以判定，不同参访态度的群体之间，没有在展示形式与参观总时长之间存在显著的差异，因此不必继续进行下一步的 z 检定。

结论：在本馆参观过程中，3 大类型展示形式对展馆参观时长的影响不存在参观者态度的差异，参观者态度在展示形式和展馆停留时长之间不存在调节作用。

表 5 – 29 不同参观态度群体在图文与展馆停留时长之间的回归系数表

（表格来源：本研究整理）

参访态度	模型		非标准化系数		标准系数	t	Sig.
			B	标准 误差	试用版		
不认真	1	（常量）	5.700	1.292		4.413	.000
		I&T 图文	.348	.793	.047	.439	.662
认真	1	（常量）	6.725	.687		9.784	.000
		I&T 图文	1.040	.304	.339	3.424	.001
非常认真	1	（常量）	9.652	.165		58.330	.000
		I&T 图文	.070	.048	.136	1.468	.145

a. 因变量：停留时长

表 5 – 30 不同参观态度群体在多媒体与展馆停留时长间的回归系数表

（表格来源：本研究整理）

参访态度	模型		非标准化系数		标准系数	t	Sig.
			B	标准 误差	试用版		
不认真	1	（常量）	5.095	.870		5.856	.000
		M&I 多媒体	.981	.715	.146	1.371	.174
认真	1	（常量）	9.908	.372		26.606	.000
		M&I 多媒体	– .547	.223	– .251	– 2.457	.016
非常认真	1	（常量）	10.037	.096		104.735	.000
		M&I 多媒体	– .066	.038	– .158	– 1.709	.090

a. 因变量：停留时长

表 5 – 31 不同参观态度群体在场景复原与展馆停留时长之间的回归系数表

（表格来源：本研究整理）

参访态度	模型		非标准化系数		标准系数	t	Sig.
			B	标准 误差	试用版		
不认真	1	（常量）	3.796	1.088		3.488	.001
		S&R 场景复原	1.258	.548	.240	2.298	.024

参访态度	模型		非标准化系数		标准系数	t	Sig.
			B	标准 误差	试用版		
认真	1	（常量）	9.163	.599		15.296	.000
		S&R 场景复原	-.050	.245	-.021	-.203	.839
非常认真	1	（常量）	9.600	.157		60.978	.000
		S&R 场景复原	.099	.052	.175	1.892	.061

a. 因变量：停留时长

四、观众年龄对展示形式与参观总时长的影响

以观众年龄特征为调节变量，图文展示形式、多媒体及场景复原的停留时长为自变量，展馆参观总时长为依变量，进行回归分析，结果如表 5-32、表 5-33、表 5-34 所示。4 个群组在图文、多媒体以及场景复原方面均与展馆的停留总时长之间存在着不同程度的回归显著性。

表 5-32 不同年龄群体在图文与展馆停留时长之间的回归系数表

（表格来源：本研究整理）

年龄组	模型		非标准化系数		标准系数	t	Sig.
			B	标准 误差	试用版		
13~19 岁 学生群	1	（常量）	5.562	.544		10.224	.000
		I&T 图文	1.210	.204	.612	5.943	.000
19~35 岁 青年群	1	（常量）	5.919	.414		14.282	.000
		I&T 图文	1.132	.158	.529	7.153	.000
35~60 岁 中年群	1	（常量）	4.799	.546		8.793	.000
		I&T 图文	1.431	.207	.658	6.927	.000
60 岁以上 老年群	1	（常量）	5.131	.556		9.221	.000
		I&T 图文	1.190	.193	.727	6.174	.000

因变量：停留时长

表 5 – 33 不同年龄群体在多媒体与展馆停留时长之间的回归系数表

(表格来源：本研究整理)

年龄组		模型	非标准化系数		标准系数	t	Sig.
			B	标准 误差	试用版		
13～19 岁 学生群	1	（常量）	6.967	.604		11.527	.000
		M&I 多媒体	.851	.297	.350	2.871	.006
19～35 岁 青年群	1	（常量）	7.582	.361		21.019	.000
		M&I 多媒体	.635	.182	.290	3.487	.001
35～60 岁 中年群	1	（常量）	6.628	.617		10.749	.000
		M&I 多媒体	1.148	.385	.352	2.986	.004
60 岁以上 老年群	1	（常量）	7.054	.481		14.680	.000
		M&I 多媒体	.709	.224	.477	3.163	.003

因变量：停留时长

表 5 – 34 不同年龄群体在场景复原与展馆停留时长之间的回归系数表

(表格来源：本研究整理)

年龄组		模型	非标准化系数		标准系数	t	Sig.
			B	标准 误差	试用版		
13～19 岁 学生群	1	（常量）	5.669	.823		6.884	.000
		S&R 场景复原	1.082	.296	.430	3.658	.001
19～35 岁 青年群	1	（常量）	5.850	.597		9.804	.000
		S&R 场景复原	1.197	.241	.397	4.964	.000
35～60 岁 中年群	1	（常量）	3.601	.855		4.212	.000
		S&R 场景复原	1.955	.343	.583	5.696	.000
60 岁以上 老年群	1	（常量）	5.503	.723		7.608	.000
		S&R 场景复原	1.134	.274	.579	4.136	.000

因变量：停留时长

为了考察这 4 个群组之间是否存在显著不同，依据各自的非标准化回归系数和标准误差进行 fisher Z 检定来观察其相互之间的关系（如

表 5 – 35 所示）。

表 5 – 35　不同年龄群组在图文与展馆停留总时长之间的 z 检定

（表格来源：本研究整理）

比较构面	比较组	Z 值	结论	备注
图文	1. 13 ~ 19 岁学生群 2. 19 ~ 35 岁青年群	0.302	不存在差异	
	1. 13 ~ 19 岁学生群 3. 35 ~ 60 岁中年群	– 0.760	不存在差异	
	1. 13 ~ 19 岁学生群 4. 60 岁以上老年群	0.071	不存在差异	
	2. 19 ~ 35 岁青年群 3. 35 ~ 60 岁中年群	– 1.079	不存在差异	
	2. 19 ~ 35 岁青年群 4. 60 岁以上老年群	– 0.233	不存在差异	
	3. 35 ~ 60 岁中年群 4. 60 岁以上老年群	0.788	不存在差异	z 的绝对值大于 1.96 则说明不同群中之间的回归斜率有显著差异
多媒体	1. 13 ~ 19 岁学生群 2. 19 ~ 35 岁青年群	0.620	不存在差异	
	1. 13 ~ 19 岁学生群 3. 35 ~ 60 岁中年群	– 0.611	不存在差异	
	1. 13 ~ 19 岁学生群 4. 60 岁以上老年群	0.382	不存在差异	
	2. 19 ~ 35 岁青年群 3. 35 ~ 60 岁中年群	– 1.205	不存在差异	
	2. 19 ~ 35 岁青年群 4. 60 岁以上老年群	– 0.256	不存在差异	
	3. 35 ~ 60 岁中年群 4. 60 岁以上老年群	0.986	不存在差异	

续表

比较构面	比较组	Z 值	结论	备注
场景复原	1. 13 ~ 19 岁学生群 2. 19 ~ 35 岁青年群	− 0. 301	不存在差异	z 的绝对值大于 1. 96 则说明不同群中之间的回归斜率有显著差异
	1. 13 ~ 19 岁学生群 3. 35 ~ 60 岁中年群	− 1. 927	不存在差异	
	1. 13 ~ 19 岁学生群 4. 60 岁以上老年群	− 0. 129	不存在差异	
	2. 19 ~ 35 岁青年群 3. 35 ~ 60 岁中年群	− 1. 808	不存在差异	
	2. 19 ~ 35 岁青年群 4. 60 岁以上老年群	0. 173	不存在差异	
	3. 35 ~ 60 岁中年群 4. 60 岁以上老年群	1. 870	不存在差异	

从 fisher Z 值比较的结果看，在图文展示、多媒体和场景复原方面，不同群组之间 Z 值的绝对值都没有超过 1.96，因此可以判定，所有年龄群组在图文和展馆停留总时长方面均不存在显著差异。

结果：在本馆参观过程中，3 大类型展示形式对展馆参观时长的影响不存在参观者年龄方面的差异，参观者的年龄在展示形式和展馆停留时长之间不存在调节作用。

本节小结：从以上分析的结果看，从参观者主体出发，观察展示形式对展馆停留总时长的影响，所有主体因素的内部差异都没有给展馆参观的总时长带来影响，也就是说参观者在参观展馆过程中，不会因为参观主体的内部差异而存在不同。但是就某一类具体的展示形式，参观者内在的差异性是否会影响到不同展示形式的参观时长呢？

第六节　观众主体在展示形式上的行为差异

目的：找出观众主体差异在不同展示形式方面的选择差异，如果参观者主体差异在不同展示形式面前停留的时长存在显著差异，那么设计过程中就有必要充分考虑参观者主体对展示形式的偏好，反之亦然。

一、性别对展示形式及参观行为的影响

目的：参观主体的性别在各种展示形式和展项前停留的时长是否存在显著差异。

方法：以性别、年龄、观众态度为分类变量，以图文、多媒体及场景复原为检定变量，通过独立样本 T 检定与单因素变异数分析，观察观众主体差异在不同展示形式面前的停留时长是否存在显著差异，结果如表 5－36、表 5－37 所示。

表 5－36　性别在 3 类展示形式面前的参观时长差异（表格来源：本研究整理）

	男（平均）	女（平均）	T 值	P 值	结论
图文	2.4687	2.5279	－.532	.595	男女无显著差异
多媒体	1.6611	1.8301	－1.673	.095	男女无显著差异
场景复原	2.4457	2.4935	－.577	.564	男女无显著差异
若 P 小于 0.05 则结论男高于女或女高于男					

表 5–37　性别在 6 类展示形式上的参观时长差异（表格来源：本研究整理）

	男（平均）	女（平均）	T 值	P 值	结论
A 一般图文	2.3269	2.4891	−1.617	.107	男女无显著差异
A 图文实物	2.6104	2.5667	.319	.750	男女无显著差异
B 版面视频	1.5873	1.7833	−1.765	.079	男女无显著差异
B 播放厅	1.7349	1.8769	−1.130	.259	男女无显著差异
C 实景复原	3.1185	3.1077	.083	.934	男女无显著差异
C 艺术 & 设计复原	1.7729	1.8792	−1.933	.054	男女无显著差异
若 P 小于 0.05 则结论男高于女或女高于男					

从比较的结果看，男女性别在 3 大展示形式面前的参观时长并没有明显差异，进一步对 6 类具体展示类型进行比较，结果发现，男女性别之间在不同展示类型面前的停留时长仍然没有显著差异。

结论：对展示形式的参观时长而言，没有因为性别不同而存在参观时长上的不同，此类展馆的设计不必过多考虑性别的因素。

二、年龄对展示形式与参观时长的影响

目的：参观主体的年龄在各种展示形式与展项类型面前的停留时长是否存在显著差异，如果存在显著差异则要求展馆策划设计过程中，适度考虑参观者的态度对展示形式带来的影响，反之亦然。

方法：以参观者年龄作为分类变量，以展示形式与参观时长为检定变量进行单因素变异数分析（Anova 检定），检定结果如表 5–38 所示。

表5－38　年龄对3类展示形式的平均数比较（表格来源：本研究整理）ANOVA

		平方和	df	均方	F	显著性
I&T 图文	组间	1.251	3	.417	.461	.710
	组内	264.487	292	.906		
	总数	265.738	295			
M&I 多媒体	组间	6.472	3	2.157	2.940	.033
	组内	214.267	292	.734		
	总数	220.739	295			
S&R 场景复原	组间	3.335	3	1.112	2.260	.082
	组内	143.615	292	.492		
	总数	146.951	295			

从比较的结果看，只有多媒体展示形式的参观时长存在年龄方面的差异，其F值为2.940，显著性.033，进一步的事后检定结果发现，所有群组间均无年龄方面的显著差异。在此基础上继续比较年龄在6个具体展项方面的差异性，结果如表5－39所示。

表5－39　年龄与6类展示形式的平均数比较（表格来源：本研究整理）

		平方和	df	均方	F	显著性
A1 一般图文	组间	2.143	3	.714	.968	.408
	组内	215.499	292	.738		
	总数	217.642	295			
A2 图文实物	组间	.777	3	.259	.187	.905
	组内	403.593	292	1.382		
	总数	404.370	295			
B1 版面视频	组间	5.504	3	1.835	2.124	.097
	组内	252.260	292	.864		
	总数	257.764	295			

		平方和	df	均方	F	显著性
B2 播放厅	组间	8.215	3	2.738	2.410	.067
	组内	331.748	292	1.136		
	总数	339.963	295			
C1 实景复原	组间	7.772	3	2.591	2.162	.093
	组内	349.843	292	1.198		
	总数	357.615	295			
C2 艺术&设计复原	组间	2.082	3	.694	3.186	.024
	组内	63.624	292	.218		
	总数	65.706	295			

从比较的结果看，不同年龄参观者在 6 种展示类型面前的停留时长，只有 C2 艺术&设计复原呈现出了显著性，其 F 值为 3.186*，显著值为 .024，继续事后检定结果如表 5-40 所示。

从比较结果看，4 个群组之间只有 13~19 岁的学生群和 35~60 岁的中年群呈现出了显著差异，其显著值为 .031，其他群组之间均没有呈现出显著性，从两组之间的比较结果可知，学生群组对艺术设计复原展示形式的关注度大于中年组。

另外从参观态度比较的结果看，3 类展示形式与展馆参观总时长之间均有显著差异，显著值均为 .000，进一步的事后检定结果显示，三类展示形式上的差异表现一致，均是非常认真群组>认真群组>不认真群组（3>2>1）。

表5－40　不同年龄组在艺术＆设计复原展示形式方面的事后比较

（表格来源：本研究整理）

权能层面	变异来源	SS	DF	MS	F值	组别	M	SD	Scheffe 比较
艺术＆设计复原	组间	2.082	2	.694	3.186	1.13～19岁学生群	1.9475	.51820	1＞3
	组内	63.624	293	.218		2.19～35岁青年群	1.8343	.46793	
	总计	65.706	295			3.35～60岁中年群	1.6985	.39191	
						4.60岁以上老年群	1.7667	.49454	

从以上比较的结果看，无论是参观者主体对展示形式和参观总时长的影响，还是主体因素（性别、年龄、参观态度）对各种展示形式与类型停留时长的影响，其参观主体的影响或选择性并不明显，展馆的形式设计几乎可以忽略参观主体因素的影响。也就是说，在进行类似纪念性、以图文展项为主的展馆设计中，不必太多考虑参观主体的选择偏好，展馆展示的内容和形式基本能够适合不同参观者的参观需求。

第六章

博物馆文化信息传达模型的建构与评估

传播学的理论基础是博物馆文化信息传播路径分析的重要参考，文化信息与各影响要素之间的关系以及媒介的共同作用，构成了博物馆文化信息传播的基本模型，而消费者对博物馆展示活动的关注度与认知反馈形成了博物馆文化信息传播效能评估的基本依据。

第一节　博物馆文化信息传播的理论基础

对于传播学，特别是大众传播学而言，其理论构成基本上来自两个方面。20 世纪四五十年代兴起于美国的实证主义流派，代表人物有拉斯韦尔（Harold Lasswell）、施拉姆（Wilbur Schramm）、拉扎斯菲尔德（Paul Lazarsfeld）等。拉斯韦尔在《传播的结构和功能》一文中提出了著名的"五 W"传播模式，即谁、说什么、通过什么渠道、对谁和取得什么效果。"五 W"模式勾勒出了实证主义传播研究"发送者—信息—接收者"的线性模式；另一条是由法兰克福学派开创的批判范式，强调对传媒进行意识形态效果批评。在很长的一段时间内"五 W"的传播模式在文化传播领域占据着主导地位，直到 1973 年的英国文化理论家、思想家兼社会学教授斯图亚特·霍尔（Stuart Hall）提出了大名鼎鼎的编码

/解码模式，它对传播学产生了极其深远的影响，直到现在仍然是传播学领域难以超越的经典理论。博物馆文化信息的传播功能是其价值构成不可或缺的组成部分，而文化信息的传播模式必然要以大众传播为基础，因此依据拉斯韦尔的"五 W"模式和霍尔的"编码/解码"理论，可以分析建构带有博物馆特色的文化信息传播的基本路径与模式。

分析博物馆文化信息传达的基本路径，必须深入了解霍尔编码/解码理论中提出的三个基本"假想立场"，其基本涵盖了大众文化传播存在的三种基本状态：第一是主导—霸权式（preferred reading/dominate reading/hegemonic reading）立场，在此状态下传播者与受众之间能够最大限度地实现信息的对称与交流，两者之间能够获得含义相同的信息内容，比如新闻传播就是这种模式的理想状态，这种状态要求受众能在主导者符号编码的范围内进行解码；第二是协商式（nego‐tiated or corpo‐rate）立场，编码和解码者对内容的看法包含着相容与对抗因素的混合，编码—解码过程中存在着包容与控制的双向运作；第三是抵制式或对抗式（counter‐hegemonic）立场，解码人的社会状况会激励他们采用不同的姿态来对待信息内容。解码者常常会以一种对抗的态度对信息编码进行解读，无论解读的结果与编码者表达意图存在多大程度的一致性，在此过程中都能实现不同程度的信息传播。

对博物馆而言，霍尔描述的这三种信息传播的立场在博物馆中都有不同程度的体现，但博物馆的文化信息传达的方式与载体又与之存在明显的不同。相比而言大众传播两端的编码和解码者角色，在心理和信息发出的状态上要略显强硬和对抗性，而博物馆的文化信息传播多以接受者为中心，参观行为是接受者主导的，所有文化内容信息更像是随时接受参观者的检阅，这是博物馆文化信息传播在起始阶段与大众传播不同的地方。而编码/解码理论对博物馆文化信息传达的意义在于，它为我们明确了信息传达的两端以及信息在传达过程中的状态和过程，这对理解博物馆文化信息的传达提供了清晰的模式样本。

对拉斯韦尔的实证主义而言，"五W"模式中的谁、说什么、通过什么渠道、对谁和取得什么效果，能够在实际操作层面为博物馆的文化信息传播提供切实的应用借鉴。在这五个环节中，博物馆的文物相当于"谁"，大量的展板内容和媒体语音相当于"说什么"，展示形式则对应信息传播的"渠道"，观众对应"对谁"（即传播对象），模式中的"效果"则可对应博物馆参观后的参观者"体验"。

第二节　博物馆文化信息传播的模型建构

通过对大众传播基本理论与博物馆信息传播特点的分析可以发现，博物馆文化信息传播模型的建构必然要以大众传播学为基础，虽然博物馆的文化信息传播与大众传播模式存有一定差异，但本质上仍然属于面向大众的传播活动。从模型理论搭建的角度看，博物馆文化信息传播模型的理论基础主要来自两个方面，编码解码模式为信息传播提供了清晰的路径与理论基础，而"五W"传播模式则从操作层面能够为博物馆文化信息传播模型的建构提供过程指导。

分析博物馆文化信息传播的理论基础，总体上可以分为主体和客体两个部分。

（1）主体方面，通过设计师的策划设计推动参观者的参观学习，主要包括参访者的参观学习与设计师的策划设计，两者共同促成高质量的参观行为，在参观行为发生阶段伴随的是博物馆信息传达的第一步"看见"。在高质量参观行为的基础上依靠丰富的"展示效果"让参访者留下深刻的印象，同时实现博物馆文化信息传达的第二步"感知"（如图 6-1 所示）。

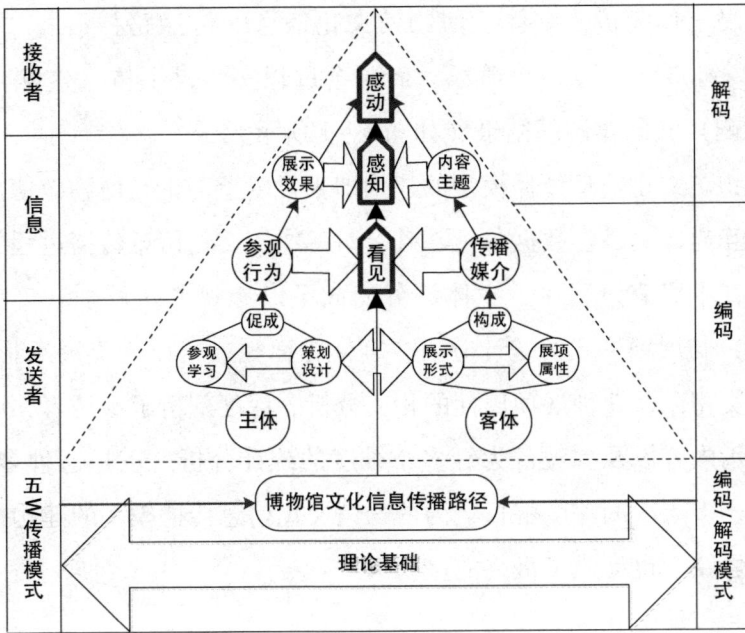

图 6-1 博物馆文化信息传播的路径（图片来源：本研究绘制）

（2）客体方面，主要指博物馆中与展示相关的软硬件综合体，即包含展品也包含各种辅助展品展示的设施，其中还有各种展示形式所含的自身属性（位置、面积、适宜停留性、环境照度及内容刺激性等）。两者与主体部分进行双向互动，共同扮演着信息发送者的角色，完成信息的编码工作（详见图 6-1 两侧），同时展示形式和展项属性共同构成了传播媒介，与展馆文化信息传播的第一个阶段"看见"相对应。

在此基础上传播媒介进一步诠释着展示主题，而"展示主题"与主体中的"展示效果"共同作用，实现展馆文化信息传播的第二步"感知"。在这一步客体方面的"内容主题"与主体方面的"展示效果"共同作用，最终实现展馆文化信息传播的终极目标，即第三步"感动"，同时解码工作完成。整体上博物馆文化信息的传播路径沿着"看见""感知"到"感动"三个阶段，而这个过程必然是主体（左侧）和客体（右侧）共同作用的结果（如图6-1所示）。

博物馆文化信息传播模型的建构即来自以上理论与博物馆信息媒介的融合互通，更是在数据分析基础上对博物馆文化信息传播过程的抽象概括。在本研究过程中，主体部分完成了以参观者（性别、年龄及参访态度）与展项形式的统计分析，客体方面完成了以3类展示形式、6种展示类型以及5种展项属性的相关分析。深度剖析了参访者，展示形式、展示内容以及参观行为等多个维度的统计分析。正是这种多角度，多维度、多层次的深度解析，为博物馆文化信息传播模型的建构提供了明确的思路，也促成了最终的呈现形式。

第三节　博物馆作为文化信息的综合体

在"以物为主"到"以人为本"的博物馆转型背景下，博物馆如何扮演好服务社会的角色并发挥其应有的作用和功能，如何更好地满足公众的文化所需是每个博物馆需要思考的课题。基于当前博物馆的多元角色与复合功能，站在参观者的视角，借助各类互联网平台的公众信息反馈，重新审视公众在博物馆消费时的关注热点，以此探讨当下公众博物馆的消费问题，为实现博物馆文化信息传播效能评价提供依据。从博物馆展示的角度看，博物馆的文化信息传播，离不开策划设计、展示技术以及参访者的积极互动，而事实上博物馆作为一种特殊的文化载体和传播媒介，其对文化信息的传播远不止馆内的展品。

虽然博物馆在任何国家、任何区域都是经典文化的象征，但当公众被问及为什么要去博物馆，或者说在博物馆能够获得什么时，回答往往会感觉清晰而又含糊，这是一个并不容易讲清楚的问题，这就是博物馆作为文化信息复杂综合体的根本原因。

为系统全面了解公众对博物馆消费的热点问题，课题研究以网络调研的方式进行了系统研究，主要方法通过获取各大旅游平台旅行者的博物馆消费反馈，以此折射当下公众博物馆消费时关注的热点并以此作为博物馆文化信息传达效能综合评估的依据之一。

具体操作方法：

（1）研究首先选择不同规模大小、不同性质类型、不同主题的博物馆作为调研对象。其原因在于，博物馆的这些属性会影响到参观者关注点的差异，展馆的性质类型也会影响到参访者的参观决策，许多参访者在有限的时间内更容易选择影响力更大的公立博物馆，而展馆主题的不同又会在展示形式上存在差异，比如有些主题博物馆以图文为主，而有些则以实物或多媒体为主，等等。

（2）对确定的调研对象进行信息反馈的收集整理，要求反馈的信息点数量必须达到一定数量，必须在文字信息后上传配图，同时尽可能避免信息反馈极少的展馆（信息反馈过少说明参访频率低，难以深度反映关注的热点问题），收集方式为留言截图。

（3）根据已有文献研究进行信息采集框架的初步设定，后续不断完善描述框架，同时展开信息的输入和研判工作。

（4）信息研判由研究团队成员完成，研判对象和收集者保证一定程度的交叉，在信息输入过程中，根据信息反馈的情况，逐步修正信息采集框架，相当于质性研究里面的问题维度扩展，整个过程都在不断补充和完善博物馆关注热点的描述框架。

（5）对信息反馈的数据内容进行叙述统计，从中观察博物馆消费过程中的关注热点。

（6）依据消费者的关注热点为博物馆信息传达建立评估框架。

本次调查通过获取分析大众点评网与携程网两大旅游平台的用户消费信息反馈（采集时间段为 2015 年至 2019 年 1 月），共获取相关数据 10996 条。由 9 名研究小组成员根据博物馆的官方定义及专家访谈后制定的判定标准，对网络平台的信息进行逐条研判，采用李克特 5 点量表进行满意度评分，最终获取有效数据 7465 条（去除部分信息点含量少于 5 条的反馈记录）。基于以上信息反馈的具体内容进行统计、分类、归纳总结，最终共得出 14 个用户最为关心的基本面向，结合深度访谈进一步对公众博物馆消费关注热点进行深入讨论与分析。

第四节　博物馆消费关注热点的叙述统计

消费者关注热点的收集整理经历了一个不断调整的往返过程，以下为网络反馈最集中的关注点，总计 41 个基本方面，具体归类后为 13 个大的面向，其中图片关注度由于采用不同形式的反馈方式故单列（如表 6-1 所示）。

表6－1 消费者反馈关注度较高的13个面向（表格来源：本研究整理）

1	2	3	4	5	6	7	8	9	10	11	12	13	14	15	16	17	18	19	20	21	22
环境 environment						服务 service					展品 goods			多媒体 Multi－Media			实物 object display	展台 object display	图文 image		
E1 室外绿化景观	E2 建筑样	E3 馆内空间规划	E4 馆内环境氛	E5 馆内外卫生	E 综合环境总评	S1 安保态度	S2 检票便捷	S3 讲解质量	S4 突发问题	S 展馆服务总评	G1 展品珍贵程度	G2 展品数量	G 展示内容总评	M1 影片感染力	M2 互动趣味性	M 声光电组合效果	O 实物体验性	D1 展台&展柜设计	I1 图文版式设计	I2 图文易读性	I3 导视&标签
23	24	25	26	27	28	29	30	31	32	33	34	35	36	37	38	39	40	41	42	43	44

场景 Field		照明 bright		休息设施 rest			区域位置 Local				交通 traffic			文创 Creative		图片反馈 点 attention				门票	展馆综合评价
F1 场景真实感	F2 场景体验感	B1 环境照明舒适度	B2 展品照明舒适度	R1 休息设施休闲阅读空间	R2 交流娱乐培训设施	R 环境温度舒适度	L1 距城市中心近度	L2 公共交通直达性	L3 地标客性易找	L 停车（便利）	T1 价格（52免票）	T2 时间&收获	T 综合性价比	C1 文创特色	C2 文创产品喜欢度	A1 周边室外景观	A2 展馆入口建筑	A3 馆内展品标牌	A4 馆内总体环境	A 门票	展馆综合评价

147

　　从表中统计框架的结构看，13 个面向反映的问题已经相对比较细化，所有问题均在信息反馈过程中多次出现。从叙述统计的结果看，7645 个消费者总计反馈信息 22832 条。

　　博物馆展品的受关注程度最高，总计 6225 条，达到了关注人次的27.26%；其次是综合环境 4287 条，占反馈人数的 18.7%；再次是交通条件 4061 条，占反馈人数的 17.4%；其他各关注点的次数迅速减少。占反馈人数 5%—10% 的有区域位置、展馆服务，其他各项的反馈数均在 5% 以下（如图表 6 – 1 与表 6 – 2 所示）。

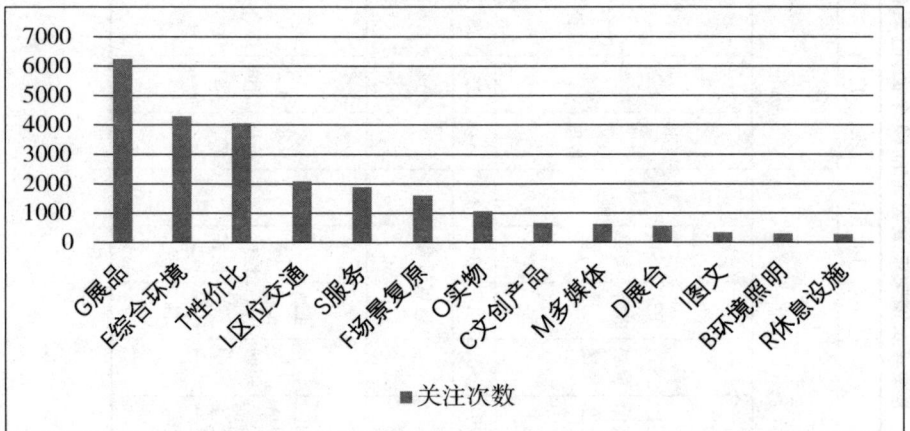

图表6－1　消费者博物馆消费关注热点情况（图表来源：本研究绘制）

表 6-2　消费者对博物馆关注点的频次状况（表格来源：本研究整理）

关注点	G 展品	E 综合环境	T 性价比	L 区域位置	S 服务	F 场景复原	O 实物	C 文创产品	M 多媒体	D 展台	I 图文	B 环境照明	R 休息设施
次数	6225	4287	4061	2087	1883	1580	1049	649	625	552	328	285	270
次数比例	27.26%	18.78%	17.79%	9.14%	8.25%	6.92%	4.59%	2.84%	2.74%	2.42%	1.44%	1.25%	1.18%

一、展馆展品

作为受关注度最高的内容，这充分反映了博物馆展示的核心内容，其中对展品数量和展品珍贵程度的反馈频率相对比较平均。展品珍贵程度的评价次数为 2830 次，占到单项评价的 45.5%，展品数量的反馈为 3395 次，占反馈信息的 54.5%。总体上正面评价均在 90% 以上，而负面评价 5% 左右相对较少（如表 6 - 3 所示），这说明参观者对博物馆展品的展示总体上持肯定态度。

"藏品是博物馆立馆的根基，是博物馆完成使命、实现宗旨的根本所在。"通过数据调查的结果与对公众的深度访谈也充分证实这一点，虽然公众的参观活动会受到快节奏生活的影响，但藏品数量和价值仍然在很大程度上影响甚至决定着公众是否参观博物馆的最终决策。仅从展品内容维度讲，博物馆应当匹配与之规模相适应的展品，而此次的网络信息反馈呈现出的问题主要表现出了展品的"极大丰富"与"贫乏"两个极端，对博物馆展品所表达出的"赞美"和"抱怨"是公众的两种主要态度，这也是为什么在 13 个受关注的面向中"展品内容"关注度较高的主要原因。而最值得思考的是这种现象背后反映出的问题，那就是近年来因城市的急剧扩张与发展需要而出现的"博物馆热"问题，大大小小的博物馆如雨后春笋般在各级城市中涌现出来。但遗憾的是相当一部分博物馆对当地历史文化的研究与展品储备方面相对匮乏，缺乏足够的内容支撑，这类博物馆往往仅通过少量的藏品来代表性地展示当地文化的发展脉络，甚至为了布展的需要不惜杜撰一些子虚乌有的内容，这对博物馆发展来说是一个值得思考的问题。藏品作为博物馆的立馆之本，其重要性毋庸置疑，否则就会与博物馆本身所定义的藏品研究、陈列、收集和展示的基本方向相背离，最终将会导致博物馆往错误的方向发展。

表 6-3 展品、环境与性价比的观众反馈情况（表格来源：本研究整理）

	G1 展品珍贵度	G2 展品数量	E1 室外景观	E2 建筑样式	E3 空间规划	E4 馆内环境气氛	E5 馆内外卫生	T1 价格	T2 时间收获	T 综合性价比
评价次数	2830	3395	571	1441	726	1466	83	2764	1088	209
总体评价比例	37.0%	44.4%	7.5%	18.8%	9.5%	19.2%	1.1%	36.2%	14.2%	2.7%
单项反馈比例	45.5%	54.5%	13.3%	33.6%	16.9%	34.2%	1.9%	68.1%	26.8%	5.1%
负面评价数量	85	183	3	20	57	93	15	328	14	1
负面评价比例	3.0%	5.4%	0.5%	1.4%	7.9%	6.3%	18.1%	11.9%	1.3%	0.5%
正面评价个数	2744	3212	567	1421	669	1372	67	2436	1074	208
正面评价比例	97.0%	94.6%	99.3%	98.6%	92.1%	93.6%	80.7%	88.1%	98.7%	99.5%

二、综合环境

综合环境中包括室外景观、建筑样式、馆内空间、环境氛围及馆内卫生五个部分。具体分析其内容反馈情况可以发现（如表6-3所示），受关注度最高的是展馆建筑（33.6%），其次是展馆内的环境气氛（34.2%）、空间规划（16.9%）与室外景观（13.3%），同时馆内的卫生情况也受到了较小程度的关注（1.9%）。从反馈态度看，绝大部分参观者都给予了正面评价，建筑、景观、空间规划和环境氛围的正面评价均在90%以上。而相比而言馆内卫生方面则出现了较高程度的负面评价，占到了单项反馈的18.1%，这在展馆的日常运营方面应该得到足够的重视，也说明展馆卫生在公众参观体验过程中的重要性。

由外而内，综合环境塑造出的文化氛围虽然不是博物馆展示的核心部分，但是对参观者的整体参观体验会产生极其重要的影响，甚至在一定程度上，其记忆程度会超越展品本身，正如在世博会过后一两年的观众采访中发现，观众对世博会具体内容的记忆已经没有太多印象，相反"高大上"的综合环境反而一直清晰地留在参访者的脑海中。对博物馆的综合环境而言，它是在参观过程中形成的一种整体、宏观的主观感受与朦胧模糊的视觉意象认知。博物馆的综合环境对整个社会公众的审美与教育作用不容忽视，这也是当代博物馆最为重要的价值之一。通过深度访谈同样获知，公众对博物馆的评价相对较多地集中在"高大上、都挺好、还不错"等这些模棱两可的回答上，这再次证明了博物馆的"综合环境"成为公众博物馆消费最关注的内容之一。公众之所以对博物馆的"综合环境"如此关注，除了博物馆已经在根据公众消费的具体需求进行转型发展外，根本上源于信息爆炸时代公众文化消费能力的变化。当前过量的信息已经难以让公众对文化信息进行慢慢咀嚼和品味，不得已以一种快餐式的消费方式应对过多的信息，这造成了相当多的人在博物馆文化消费时，陷入一种流于形式而难以进行深度学习的窘境，但即便如此也不能忽视博物馆作为典藏文化的根本属性。

三、性价比方面

主要包括门票价格、单位时间性价比以及综合性价比三个方面。门票性价比主要是指门票价格给参访者留下的第一印象，单位时间性价比则指在一定时间内获取信息的多少和良好体验度，它是对参观体验的一种单项评价，而综合性价比则是两者的综合，属于相对比较含糊的信息反馈。在这三种信息反馈中门票价格成为被反馈频率最高的项目（如表6-3所示），总计2764次，占到单项信息反馈的68.1%，其他时间&收获性价比共计1088次，占单项反馈的26.8%，综合性价比209次占到单项反馈的 5.1% 。从综合反馈态度看，反馈频次最多的是票价，其反面评价相对较多，占到了 11.9% ，其他两项的负面评价只有 1.3% 和 0.5% ，这也是对当前部分博物馆门票收费和收费过高的直接反映。

自 2008 年 1 月起，相关管理部门便要求全国各级文化文物部门归口管理的公共博物馆、纪念馆，爱国主义教育示范基地全部实行免费开放。但据国家文物局最新统计，截至 2018 年年底，全国 5164 家博物馆，其中有 4531 家实施免费开放，占总量的 87.74%，目前仍有 619 家暂未免费开放，占总量的 11.99%（数据来源：国家文物局网），某些博物馆仍然将门票收入作为场馆维护与设备更新的资金来源之一，相比欧美博物馆多元筹集运营资金的做法，依靠门票收入维系博物馆运营的简单模式应该尽快改革。针对此问题的深度访谈显示，公众大部分都会优先选择那些免费的博物馆进行参观，这也是为什么"性价比"会成为公众在进行博物馆消费时备受关注的原因之一。因此我国博物馆未来的发展也应进一步推进体制改革，免费向参观者开放，使之更好地融入社会、贴近公众，最大程度地发挥其应有的社会效益。

四、区位交通

在 20 世纪 80 年代对京津地区博物馆观众的调查报告中曾显示，"各类公众的参观行为与博物馆的参观距离呈显著相关，随着距离的增长，参观率下降，距离是参观行为的一大障碍"。而当下讨论博物馆的位置交通条件对观众参观行为的影响是否存在显著性呢？

本研究讨论的交通条件的信息反馈由宏观到微观，依次包含距离城市中心的距离、公共交通直达性以及地标性，涵盖了从一点到另一点的整个过程。其中受关注度最高的是地标性，即博物馆在交通的终点被容易找到的程度，这主要由于现在城市的交通条件已经比较完善，点对点的过程交通已经不是什么太大的问题。但从交通站点到博物馆的可辨别性和抵达的便利性更多地成为参访者关注的热点，关注度为876次，约占单项信息反馈的42.2%（如表6-4所示），其他距公共交通直达性和距离城市中心的距离受关注度约为23.5%和34.3%。此外自驾参访者的停车问题也受到了一定程度的关注，总体约占整个交通信息反馈的0.5%，且81.8%的参访者对停车便利性给予了正面评价。总体上看，除停车便利性外，其他交通方面的正面评价均达到了90%以上。

表6-4 展馆区位交通 & 服务的观众反馈情况（表格来源：本研究整理）

	L1 距城市中心距离	L2 公共交通直达性	L3 地标性	L4 停车便利	S1 安保态度	S2 检票便捷	S3 讲解质量	S4 突发问题
评价次数	488	712	876	11	247	555	1050	31
总体反馈比例	6.4%	9.3%	11.5%	0.1%	3.2%	7.3%	13.7%	0.4%
单项反馈比例	23.5%	34.3%	42.2%	0.5%	13.1%	29.5%	55.8%	1.6%
负面评价次数	3	27	26	1	70	221	85	14
负面评价比例	0.6%	3.8%	3.0%	9.1%	28.3%	39.8%	8.1%	45.2%
正面评价次数	484	685	849	9	177	334	965	17
正面评价比例	99.2%	96.2%	96.9%	81.8%	71.7%	60.2%	91.9%	54.8%

此次调研过程中，博物馆所处的地理位置与交通便利性也成为公众比较关注的内容之一。无论是当地市民还是外来游客，通常情况下更倾向于选择地铁和公共交通容易抵达的博物馆，如"非常便利、地铁直达、公交可直达、地处市中心、位置绝佳"等成为高频词汇。由此可见"交通便利性"作为公众评价博物馆的重要影响因素之一，在发挥博物馆社会效益方面有着不可忽视的作用，这对新建博物馆的选址提出了明确的要求，而对那些公共交通不便甚至地处市郊的博物馆，在基础

设施提升改造方面也同样提出了明确的要求和方向。

五、展馆服务

信息反馈的内容主要包含安保、检票便捷性、讲解质量以及突发问题处理，其中单项关注度最高的是讲解质量（如表 6 - 4 所示），总计1050 次，占到单项的 55.8%，其次是检票的便捷性 555 次，占到单项的 39.8%，安保态度 247 次，占到单项的 13.1%，最后是突发问题解决的及时性 31 次，占到单项反馈次数的 1.6%。对博物馆而言，提高服务质量可创造出竞争优势，对消费者而言，提高服务生产力，提高服务品质是评估它们的标准。通过提高博物馆的服务质量推动博物馆的发展，必须由展馆设施、来访者接待、讲解服务、物业、安保等多方协同。设施的完备性是实现参观者良好体验的基础，富有激情的讲解服务能够将参观者带入特定的时空情境中去，细致入微的物业和安保是博物馆本身服务质量最直接的体现。此次调研数据反馈的内容也基本上走向了"赞扬"与"批评"两个极端，这说明优质的博物馆服务会极大提高公众对其做出优秀评价，而服务的欠缺也很容易在公众参观体验方面产生强烈的负面效应。公众对博物馆服务的评价所呈现出的"非此即彼"现象，越发体现出博物馆服务对其自身发展的重要性。

六、展示形式

场景复原、展品实物、图文、多媒体方面，这四项均是博物馆展示形式的具体体现，也是当下博物馆展示形式的总概况。场景复原主要包含场景的真实感和体验感两个方面的反馈，真实感侧重于视觉而体验感侧重于心理感受；展品实物的体验性主要指文物本身体现出来的文化魅力；图文则主要包括展品说明的图文版面、文字内容的可读性以及放置在文物边上的各类标签与环境导视；多媒体则主要涵盖了传统的影院、互动游戏以及由声光电构成的主题灯光秀。（如表 6-5 所示）场景复原方面对体验感的关注度远远大于视觉方面的真实感，场景体验感的反馈次数为 967 次，占到单项反馈的 61.2%，视觉方面的真实感共 613 次，占到单项反馈的 38.8%；展品实物方面受到关注的信息反馈有 1049 条，实物体验性的反馈只有一个方面，占到所有反馈数据总体评价的 13.7%；图文方面的信息反馈相对较少，3 个方面的反馈次数相加也不足 350 次，占比总体反馈次数的比例不足 5%，其中相对较多的是对导视系统及文物标签的关注；多媒体方面总体反馈的次数也不足 10%，相对而言互动展项的关注度相对较高，共 297 次，占单项比例的 47.5%；影片内容 257 条，占单项比例的 41.1%；对声光电组合的关注度相对最低，为 71 次，占单项比例的 11.4%。

表 6-5　博物馆展示形式的信息反馈情况（表格来源：本研究整理）

	F1 场景真实感	F2 场景体验感	O 实物体验性	I1 图文版式设计	I2 图文易读性	I3 导视&标签	M1 影片感染力	M2 互动趣味性	M 声光电组合效果
评价次数	613	967	1049	34	100	194	257	297	71
总体反馈比例	8.0%	12.6%	13.7%	0.4%	1.3%	2.5%	3.4%	3.9%	0.9%
单项反馈比例	38.8%	61.2%	100%	10.4%	30.5%	59.1%	41.1%	47.5%	11.4%
负面评价次数	2	22	19	4	10	21	18	20	0
负面评价比例	0.3%	2.3%	1.9%	11.8%	10.0%	10.8%	7.0%	6.7%	0.0%
正面评价次数	611	945	1030	30	90	173	239	277	71
正面评价比例	99.7%	97.7%	98.2%	88.2%	90.0%	89.2%	93.0%	93.3%	100.0%

博物馆展示是指陈设工作者通过一定的技术手段把实物（或其他形式的信息载体）所包含的意义传递给观众的过程，最终目的都是高

效地将展品包含的文化信息传递给观众。从本次的调查数据上看，展示形式本身并没有获得公众足够多的关注度。在深度访谈过程中，公众表示在整个参观过程虽然会在比较绚丽的展示形式面前拍照留念或发朋友圈，但真正吸引参观者深入观看的仍然是展示内容本身，也有公众认为一个参观行为的前 3 秒或许与展示形式的新颖程度有关，而接下来是否决定继续观看则在很大程度上取决于内容本身。正如有关博物馆专家所言，博物馆参观过程中，能吸引观众的是故事，是藏品的故事，是展览的故事。展览的文物未必一定是价值连城的国宝，但一定要是有故事的文物。

七、图片信息反馈

除了以上通过文字语言的直接描述，大量参访者采用上传图片的方式对博物馆消费进行了另一种形式的反馈，之所以将图片信息反馈单独进行讨论，根本原因在于用户进行图片上传的状态与文字反馈存在很大不同，其存在更大的主观性、直观性以及潜意识性。通过文字输入的方式进行消费评价反馈，需要通过理性思维对参观感受进行组织，并且在组织过程中要通过记忆的方式对自己的参观行为进行描述。而图片反馈则有所不同，它具有更大的随意性与潜意识性，每个参访者手机中的图片本来就是博物馆参观过程中最感兴趣的内容，而这些内容并不能通过网络全部分享给他人，在短短选择上传图片的过程中，包含了参访者感知、遴选、判断、确定偏好等诸多过程，当然最需要强调的仍然是其偶然性和潜意识性。因为心理学研究的结果显示，越是潜意识的行为越能反映出真实性。因此本研究对用户的图片信息反馈作为一个独立的部分进行讨论，此次用户图片反馈的内容主要包含以下几个方面（如

表6-6所示)。

表6-6　用户图片反馈信息的分布情况（表格来源：本研究整理）

	A1 周边室外景观	A2 展馆入口建筑、标牌	A3 馆内展品	A4 馆内总体环境
评价次数	2714	2268	5553	1994
总体反馈比例	35.5%	29.7%	72.6%	26.1%

从图片上传的统计数据看，展品图片上传的比例最高，总计5553次，约占总反馈人次的72.6%；其次是展馆周边的室外环境2714次，约占总反馈人次的35.5%；再次是展馆入口建筑及标牌2268次，约占总反馈人次的29.7%；最后是馆内总体环境1994次，约占总反馈人次的26.1%。从中可以看出，图片与文字信息反馈的内容具有相当的一致性，即展品最多，其次是包括建筑在内的展馆室外与室内综合环境。

除此之外，从图片信息反馈的结果可以看出参访者的信息反馈非常集中。这说明在潜意识里，留给参访者印象最深刻的部分主要集中在展品及综合环境上，这是参访者对博物馆最直观、最真实、最集中的反映。这在很大程度上也折射出博物馆对一般公众，特别是对普通参访者的价值和意义也许远没有馆方预设的那般丰富，或者说我们预设出来的更多更丰富的博物馆功能，也许更像是单方面一厢情愿的美好愿望。当然博物馆对公众的价值也不能简单地以此论断，更不能以此否定博物馆对人的意义和潜在价值，以及当下博物馆为满足参访者需求而进行的大量改革和努力。但是在大众传播信息泛滥的时代，在公众生活方式和价值观日趋多元的当下，不得不说如何实现博物馆文化信息的有效传达是一个值得人深思的问题。

八、其他信息反馈

博物馆消费的其他信息主要集中在展台的设计、文创产品、环境照明休息设施等相关的内容，单独观察这几项内容的反馈均没有超过总反馈数的10%（如表6-7所示）。其中展台设计552次，只占总反馈信息的7.2%；文创产品的特色性和喜好度两项分别为253次和396次，两者相加约占总信息反馈的8.5%；环境照明环境舒适度160次，展品照明舒适度125次，总体占反馈比例的3.7%；休息设施作为展馆重要的配套设施，在消费者网络反馈方面并不集中，从基础座椅类的休息设施、各种交流空间以及综合温度舒适性等构成的休息服务内容上看，总计不足总反馈数的3.5%，其中休息座椅设施97次，各类交流空间148次，环境舒适度25次。

表6-7　其他博物馆消费的信息反馈情况（表格来源：本研究整理）

	D1 展台 &展柜 设计	C1 文创 特色	C2 文创 产品 喜欢度	B1 环境 照明 舒适度	B2 展品 照明 舒适度	R1 休息 设施	R2 交流 娱乐培训 休闲 阅读	R3 环境 温度 舒适度
评价次数	552	253	396	160	125	97	148	25
总体 反馈比例	7.2%	3.3%	5.2%	2.1%	1.6%	1.3%	1.9%	0.3%
单项 评价比例	100.0%	39.0%	61.0%	56.1%	43.9%	35.9%	54.8%	9.3%
负面 评价 次数	20	19	61	17	13	16	13	11

	D1 展台 &展柜 设计	C1 文创 特色	C2 文创 产品 喜欢度	B1 环境 照明 舒适度	B2 展品 照明 舒适度	R1 休息 设施	R2 交流 娱乐培训 休闲 阅读	R3 环境 温度 舒适度
负面 评价 比例	3.6%	7.5%	15.4%	10.6%	10.4%	16.5%	8.8%	44.0%
正面 评价 次数	532	234	335	143	112	81	135	14
正面 评价 比例	96.4%	92.5%	84.6%	89.4%	89.6%	83.5%	91.2%	56.0%

从以上几类信息反馈较少的内容看，展台作为辅助设施是展示设计重点，但由于其附属性很少引起参观者直接的关注度，从另外一个角度讲也是符合设计目的的，毕竟展台的设计目标是为了烘托展品而不是展台本身；"文创周边"作为当下博物馆文化信息传播的重要载体与途径，也是参观者进行博物馆评价的重要考虑内容，此次调研过程中参观者对"文创周边"的反馈多集中在"性价比不高""实用性不强""设计形式单一"。从中可以看出，当前售价数倍于普通功能性商品的博物馆"文创周边"，并没有在参观者对博物馆评价方面产生太多积极的响应。展馆照明环境同样作为展馆综合环境的一个部分，很大程度上属于展示的内在属性，虽然会对展示的总体效果产生一定影响，但在效果正常的情况下仍然难以作为一个独立的要素被参访者重点关注。而休息设施及综合舒适度引起了少量参访者的反馈，这与当下博物馆功能角色的

转换有关，大量博物馆开始将各类阅读、休闲、交流和娱乐作为博物馆后续发展的重要功能，但传统博物馆的消费观念和惯性仍然没有让大部分消费者充分关注到博物馆的这种功能，也没有改变消费者的消费观念。扩展博物馆的功能和经营策略以适应消费者的消费需求，仍然需要相当长的时间。

　　小结：以上系统分析了公众对博物馆消费集中关注的 13 个主要面向，并对其产生的原因进行了相应的分析探讨。其中，"综合环境"是公众博物馆消费的焦点；"展品内容"是博物馆立馆的根本；"性价比"仍然不容忽视；"服务"作为展馆综合评价的重要指标仍需进一步提升。以往被过分强调的展示形式（实物陈列、场景复原、互动多媒体）并没有获得参观者足够多的反馈，展示形式根本上必须与内容结合才能发挥其应用的价值。在对以上博物馆消费的分析基础上可以看出，公众的博物馆消费是由一个个点状的见闻最终形成的一种面状的宏观感受，在博物馆参观过程中，任何的细节和问题都会对博物馆的参观体验产生极其重要的影响。在体验经济时代，必须以公众的真实需求为中心，充分调动参观者的主动性与参与性，而不是将其作为说教的对象。

第五节　博物馆消费关注热点与用户评价

　　为了了解博物馆消费关注点与参观者对博物馆综合评价的关系，将此次网络调研获取的四组完整数据进行统计学分析，数据内容主要包括综合环境、展馆服务、展示内容与展馆综合评价四个组成部分。通过相关与回归分析了解造成参访者对展馆评价的主要原因。

　　统计分析首先进行总体数据的信效度检验，数据显示，总体信度的 α 值为 .856 > 0.7 可接受的参考值，效度分析的结果显示，其 KMO 值为 0.788，显著值为 .000，共提取 1 个主成分，解释了总变异量的 70.01%。参访者对展馆总体评价与关注热点的相互关系如表 6 - 8 所示。

表 6 – 8　展馆综合评价与各环境、服务及展示内容的
相关性（表格来源：本研究整理）

相关性		E 综合环境	S 展馆服务	G 展示内容	综合评价
E 综合环境	Pearson 相关性				
	显著性（双侧）				
	N				
S 展馆服务	Pearson 相关性	.780＊＊			
	显著性（双侧）	.000			
	N	7644			
G 展示内容	Pearson 相关性	.804＊＊	.822＊＊		
	显著性（双侧）	.000	.000		
	N	7644	7645		
综合评价	Pearson 相关性	.357＊＊	.351＊＊	.323＊＊	
	显著性（双侧）	.000	.000	.000	
	N	7644	7645	7645	

＊＊. 在 .01 水平（双侧）上显著相关

　　从相关分析的结果看环境、服务与展示内容与综合评价之间均存在显著的相关性，并且三者两两之间也存在显著相关。这说明展馆的综合评价受到其他三个因素的共同影响，并且三个因素之间也存在相互影响的内在关系。为了进一步了解综合评价形成的原因继续将综合评价作为依变量，三个影响因素为自变量进行回归分析，结果如表 6 – 9 所示。

表 6 - 9　环境、服务与展示内容对总体评价的回归分析（表格来源：**本研究整理**）

依变量	预测变量	简单相关	标准化系数	t	Sig.
总体评价 N = 7644	E 综合环境	. 357 **	. 213	11. 175	. 000
	S 展馆服务	. 351 **	. 183	9. 192	. 000
	G 展示内容	. 323 **	. 002	. 077	. 939

从回归分析的结果看，综合环境、展馆服务与整体评价存在回归的显著性，综合环境的回归系数为 . 213 ＊＊＊，显著值为 . 000；展馆服务的回归系数为 . 183 ＊＊＊，显著值为 . 000。而展示内容与展馆综合评价之间竟然没有回归的显著性（回归系数为 . 002，显著值为 . 939），这种结果是相当意外的，因为关注度叙述统计的结果显示，展馆的展品排在第一位，是最受参访者关注的内容，而在展馆评价阶段却显示评价的结果与展示内容没有关系，这颠覆了长期以来博物馆所坚持的文化内容展示作为其功能价值的意义。也就是说，虽然参观者给予了展品足够多的反馈，但是分值与其他内容相比不存在优势，又或许在参观者认为，博物馆进行展品的展示是理所当然的，但其他功能的关注度与评价分值超越了展品本身。当然这与采取的网络调查方式具有很大关系，即参访者网络调查时所存在的偶然性与随机性。后续应该进一步通过质性研究的方式，深入了解参访者对博物馆评价的相关内容，与网络调查进行相互验证，这也是对博物馆消费关注热点的另一个研究讨论空间。

研究不足：首先，本网络数据信息来源不够完整，缺少参访者个人的具体信息而无法全面深入地对参访者个体行为特征、偏好和满意度等进行全方位分析；其次，本研究仅选择了大众点评网与携程网的评论反馈作为数据源，信息收集的渠道相对还比较单一，后续应根据社交软件的用户变化采集更加广泛的社交数据；最后，网络反馈虽然存在相对自由自主的优点，但同时也存在为获取各种奖励而产生的"刷票"行为。要深入探索公众在博物馆消费关注度方面的热点问题，需要现场调查与进行定量和质性分析相结合的方法进行综合研究。

第六节　博物馆文化信息传达评估体系的建构

与一般大众媒体不同，文化信息的传播受到接收者主观感受的影响更大，接收者对文化信息的接收具有更大的主动性。博物馆文化信息的传播总体上具有缓慢而柔和的特征，这就要求对博物馆文化信息传达效能的评估要有别于一般大众媒体的评价方式。

博物馆评估主要起源于 20 世纪 70 年代的美国，同期英国则把展览策划与观众研究相结合，将市场研究、形成评估和总结评估融合为一个完善的体系。而评估的方法一般都是通过问卷法、观察法、访谈法等进行相关信息数据的获取，通过定量和定性研究的统计分析对展览进行综合评估，针对展览的评估内容与此次网络信息反馈的内容基本相同，主要包括展示的对象（文物）、展示方式、图文解说、辅助设计以及灯光照明等相关要素。

"通过对受众所反映的关于展览各方面信息进行的了解与分析，以确认展览是否达到预期效果的过程就是评估"，这是国内较早对博物馆文化信息传播效果评估的基本认知。从本课题研究的核心出发，既希望找到系统衡量博物馆综合文化信息传播的多个节点，并以此设定量表，对博物馆文化信息传达的可能性和传达效率进行评估，以此判断博物馆是否达成了通过文化展示实现教育功能的过程。就评估本身而言，从时间维度可以分为预评估、过程评估与效果评估，本研究所讲的评估主要指效果评估，也就是要得出博物馆是否能够实现，以及在多大程度上实现文化信息的有效传播。博物馆文化信息传播效能是涉及博物馆功能、价值与意义的根本性问题，如何完整地进行综合评价需要量化数据的支持和专家、参访者的深度探讨。本研究基于现场行为观察调研与网络调查的渠道收集了大量参访者行为与态度的基础数据，为博物馆文化信息传达有效性的评估提供了基本依据。结合文献研究和部分专家学者的访谈，尝试建立一套针对文化信息传达有效性的评估体系，目的是启发博物馆展示的策划设计与针对运营质量的自我检测，对于评估模型的建构，至少要遵循以下原则。

1. 内容明确原则，回顾以往博物馆评估的内容可以发现，无论是针对效果评估、用户使用评估，或者是设计评估，其存在的问题主要集中在内容设置的辅助性，常常将设计效果的感知、参访者的使用感受、设计形式的美感、展示技术的优良、服务态度的好坏等大量内容相互交织，依此形成的量表，虽然功能全面，但却过于烦琐。本评价模型具体沿着两条平行的纵向轴进行，一是围绕参访者和信息载体的"感受轴"，二是围绕工作者和展馆运营条件的"服务轴"，把针对参访者和经营工作者的调查题项分开，互不干扰，但同时又保证其相当程度的对应关系。通过本模型建立的量表可以对参访者和展馆工作者同时开展双向评估（如图 6-2）。

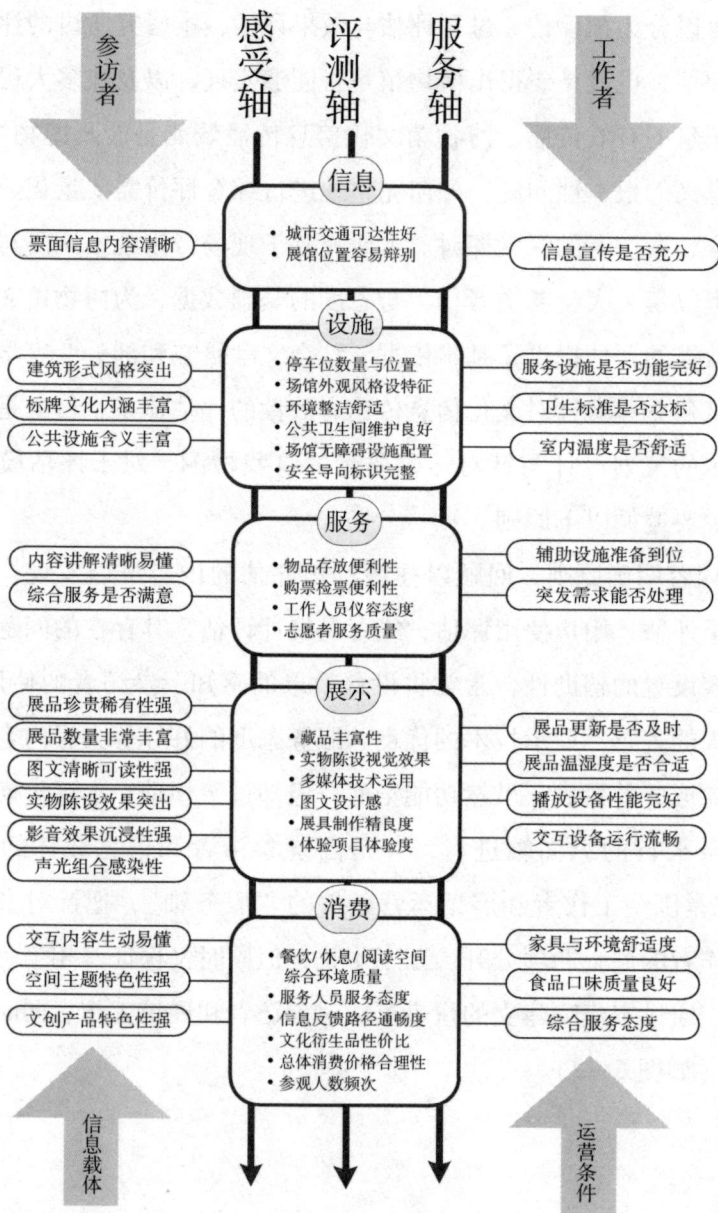

图 6 - 2　博物馆文化信息传播有效性评估模型（图片来源：本研究绘制）

在以上模型建构的基础上，根据感受轴和服务轴开发出问卷量表，对后续博物馆文化信息传播有效性进行评估（如附件 3 所示）。

2. 数量简洁，以是否有效实现文化信息的传播为基本标准，从博物馆与参访者两边寻找评估的基点，进而梳理围绕参观者体验和工作者自我检查为中心的评价指标模型，为提升博物馆展示设计的质量和自我运营质量提供有益的启示。然而在当下信息爆炸的时代背景下，过量的调查题目会给受访者带来较大的负担，从而会让其产生排斥心理，严重影响调查的效果。正因如此，本评量体系的建构在对参访者参观过程进行详细梳理的基础上，结合前期调研结果进行不断优化，尽可能在保证内容全面基础上精简评价的题量，在参访者一方共设置 14 道题目，在工作者一方设置 18 道题目。以此完成对博物馆文化信息传达有效性的全面评估（如图 6 - 2 所示）。

博物馆文化信息传播有效性评估应由参访者参观体验、第三方及馆方共同组成，因为文化信息的有效传达离不开信息的提供方（馆方）和信息的接受方（参访者），而中间设计的质量应该由专业从事设计研究的第三方机构进行客观评估。第三方评估最大的特点和优势就是能够保持独立性、公平性与客观性。整个评估过程应采取随机抽样不定期地进行，可以以每个月、每个季度以及每年度为单位，通过不同时间周期的评估合理客观地提供博物馆在文化信息传播方面的效能变化和存在的问题，评估的结果主要用于以下两个方面。

（1）不断提升博物馆的服务质量，推动提升博物馆日常的经营管理质量，完善服务社会的效能。

（2）为博物馆的展示内容的更新和布展设计提供基本的依据。

评估方式可采用线上与线下相结合的方式进行。线上评估可以充分利用公众习惯的媒体如微信、微博和 QQ 等，也可以通过线上问卷调查。而线下评估主要可以通过传统的问卷调查、深度访谈、听证会以及工作人员自查等方式进行。

下篇　策略篇

内容、形式、技术、媒介

博物馆文化信息的有效传达

既离不开客观条件

也离不开主体的真实需求

更离不开由主客体共同构成的

文化生存与发展的丰沃土壤

第七章

博物馆文化信息传达效能的优化与设计

"在强化知识性、教育性、文化性的同时，博物馆要探寻、关注游客愉悦性体验的影响因素，具体要从科技支持、工作人员、展品、馆内环境和建筑特色等方面进一步提升，使游客产生好奇、新鲜、审美和放松的身心感受，在游客的愉悦体验中实现博物馆的使命与价值。"而在以上所有因素中，由展品及建筑构成的综合环境是博物馆文化信息传达最为核心和基础的部分。

第一节　博物馆展示的问题分析

一、内容支撑不足

考察当下部分博物馆，特别是运营状态不理想的博物馆，其很大程度的原因在于"公众服务方面的支撑力不足"，博物馆自身所在地缺少其生存的良好土壤，这种土壤即是由城市经济文化发展所形成的公众文化消费需求。正因如此，一线与中心城市博物馆的运营较为良好，而其他二三四线城市博物馆的运营问题愈发突出，特别是反映地方历史文化的地方性博物馆，其支撑力的缺乏主要表现在如下几个方面。

1. 馆藏品的体系不完整，许多城市的历史博物馆在较短的时间内突击建设完成，展品大多来自以往文物收藏部门相对孤立的文物单元，难以通过个体的文物串联起系统的文化发展历史。

2. 由于研究力量有限，大量藏品的研究只停留在名称和断代层面，对其背后反映的文化现象研究不够透彻，导致展览只有物而缺乏故事。

3. 地方文化历史的研究普遍不足，地方志等宝贵的文献资料没有被充分利用起来，而往往将展示的对象寄托在几个重大的历史事件或核心展品上。

4. 考古还原研究不足，环境演变和人与自然的关系、生活方式、经济状态、意识形态及社会结构等信息缺少系统而全面深入的研究。除了地方性博物馆因内容储备不足带来的问题外，其他展示形式方面还呈现出了如下一些共性的问题。

二、技术至上

受技术快速迭代的影响，博物馆展示形式的发展一定程度上玩起了追逐技术的游戏，谈到博物馆设计总绕不开互动、交互等与技术相关的话题，而技术的更新速度又常常让博物馆无法企及，这导致博物馆中出现了一些尚未怎么使用就已经过时的"新技术"，究其原因在于展示设计中"技术至上"的设计观念。

另外以技术为代表的形式至上为多方赢得了"获得感"，博物馆为吸引公众的注意力不断引进前沿的展示技术。在展示应用上，并不是所有的技术都已足够成熟，大量技术因未经过市场检验和批量化生产，无论是在显示精度、操控性及感应灵敏度上都还无法形成良好的互动体验。

但新技术的新颖性所带来的新鲜感，让博物馆成为先进技术的试验场，馆方赢得了位居同行前列的技术地位，公众满足了好奇心，当下大量博物馆中存在的不同程度无法使用的设备与展项就客观反映了这一现状。

三、形式风行

形式至上是时代发展的产物，如果说 20 世纪 50 至 60 年代盛行于发达国家的消费主义是以炫耀、奢侈、追求新奇与无节制为主要特征，那么当下中国高速发展过程中也同样出现了一种追求形式为诉求的价值观倾向。地方政府一味追求的政绩观、群体中出现的炫富与仇富、个体中盛行的攀比心理，这都是追求形式的具体体现和后果反映。反映在博物馆上，夸张的建筑造型、宏大的室内空间和盲目的声光电组合，唯一的目标就是给参观者留下"高大上"的参观体验，让更多的人永无止境地追求所谓"高端"的形式。

以上博物馆展示方面存在的问题既有社会发展环境带来的客观问题，也有管理、经营和设计者方面的主观原因，业界专家学者的关注和研究已经在博物馆的展示设计上产生了积极影响，而问题的转变仍需要多方的共同努力。

第二节　以内容塑造差异性

一、回到内容的原点

好的博物馆至少要"藏品和展品资源丰富，包括展览在内的博物馆文化创意产品深受公众喜爱，服务公众的手段办法多样化，公共文化服务能力水平较高，且极具个性特色即差异性发展要做得够好"。在这段对优秀博物馆的论述中，最基础的是博物馆的藏品和所拥有的文化资源与包括展览在内的文化创意产品。无论博物馆各自的定位会朝向学术研究、社会教育或公众服务的哪个方向发展，或者多种功能兼而有之，唯一不变的是强化自身差异性的"文化资源"，即博物馆馆藏的"内容"本身。

首先，内容是博物馆的立馆之本，通过科研力量的持续投入不断丰富博物馆的藏品是博物馆谋求发展的根本。无论是专题展的策划组展还是对外合作展览，丰富的藏品是博物馆展览活动创新实施的基本条件。其次，内容是形成博物馆差异化的根本，这种差异化既包括与其他文化机构和商业消费场所的差异性，也包括与同类展馆间的差异性。总体上看，在一定地域范围内，博物馆馆藏文物本身的差异性并不明显，但在常设展之外的专题展策划时，博物馆则可以根据本机构的研究所长进行再次定位，将本馆研究展示的内容朝向某些固定的方向倾斜，以此形成不同机构之间的明显差异，当然专题展的策划和展览必然要建立在丰富的文物基础上，因此不断丰富馆藏文物仍然是实现博物馆展览差异化的基本前提和保证。

二、塑造博物馆差异性

博物馆作为以传统文化为根本特征的公共场所，与商业相对，只有不断放大其传统的一面，才能在竞争中与快节奏为特征的现代商业相抗衡。而在这个过程中，特别是在文化展示与整体性格形成过程中，同样应有别于一般商业展示的独特性，总体上应有如下特征。

（一）综合环境以静制动

如果说现代商业是以艳丽、喧嚣、夺目、刺激和快节奏为主要特征，那博物馆则应该追求朴素、宁静、舒适、温和与慢节奏的性格特征，这是博物馆能否避免像商业服务商那般需要依靠更新迭代来吸引公众，要形成自我的个性以便能够有充分融入公众日常生活的基本保证。

（二）定制化沉浸设计

沉浸式体验凭借多维感观的综合利用取得了商业上的巨大成功，而以经济驱动的商业项目很容易陷入利用复制来快速赚取经济收益的快速模式，进而造成内容的雷同而快速失去个性。以往博物馆与观众的互动项目出现了重技术而轻内容的现象，因此必须在内容设计时保持足够的独特性。而事实上即便是定制化的内容设计，也会因为媒体自身的属性而快速消耗掉公众参与的热情。

第三节　技术的理性应用

层出不穷的新技术通过刺激人的感官来获取人的注意力，短期来看无疑对文化信息的传播具有积极影响，但商业的喧嚣并不完全等同于生活。不管是个体还是国家，成熟的表现总是会从浮华走向朴实、张扬走向内敛。无论时代对技术如何大唱赞歌，但无法否认的是技术并不等于一切。面对技术，既要充分认识到它对人类及社会的深刻影响，也要理性看待它的积极和消极作用。媒介环境学者波兹曼曾在《教育的终结》中深刻地提出所有技术的变革都会引来人们的盲目崇拜，每一项先进新技术的产生都会有它的不足和缺陷；新技术的优点和缺点永远不会平均分配到每个人，总会有一些人从中收益，而有些人受害。

纵观当下博物馆对技术的态度持有最高热情的是藏品的数字化处理，即将藏品以一种数字化的形式进行复制保存与展示，这对文物保护、展示及公众知识分享都具有重要的推动作用，然而并不能因为数字虚拟的便捷、高效与低成本优势而忽略了实物展示，因为人的感知基因决定了任何时候、任何全真的虚拟技术都无法取代实体展示本身。从深度消费角度看，数字博物馆的作用同电子书有很大的相似性，电子媒介的参观只能作为相对较浅层次的了解，而真正的文化体验仍然要走入实体的展馆，这和电子书的发展没有能够取代纸质书反而推动了纸质图书的出版一样，根本上是一种快节奏的辅助消费形式。同理，人工智能（AI）对博物馆教育、沉浸体验对博物馆展示、网络多媒体技术对博物馆虚拟展馆、区块链对博物馆文物信息管理等方面的影响一样，合理使用是基本原则，且不能因为技术而忘记了博物馆的根本。

第四节　整合与跨界设计

关于文创的助力与支持，很多人谈到文创产品时会狭隘地等同为旅游纪念品，事实上博物馆文创产品至少包括三种基本类型，一是"具有创造性劳动的原创展览，二是具有教育意义的社会服务项目，三是具有文化创意的衍生商品"。原创性展览本身作为全新文化信息的展示内容暂且不论，具有教育意义的社会服务项目本身就可以充分融入博物馆自身永久性展览的相关信息，让参观者在接受服务的过程中体验丰富的文化，而不是仅仅通过展览这一种渠道。另外当下博物馆文创产品或者说文化衍生品的设计还存在至少以下几个方面的基本问题。

1. 价值问题，大量博物馆的文创衍生品设计过于雷同或原创性匮乏，已经成为一种普遍现象，更有博物馆直接将展馆的镇馆之宝进行模型复制作为文创产品或礼品，既无文化价值也无收藏价值，连作为一个商品最基本的使用价值都令人怀疑，仅仅用装饰品或工艺品的外衣来掩盖喜好文化的虚荣心，而这恰恰反映出购买者文化匮乏的事实。

2. 文创产品泛滥导致品味下降的问题，当下各类文化创意产品已充斥在公众生活的各个角落，博物馆文创衍生品的设计成为旅游纪念品的化身，博物馆作为深厚文化积淀的容器开始走向为讨好消费者，或者说为眼前的经济效益而成为疯狂开发快销品的主力军。博物馆文创衍生品开始竞相攀比种类的繁多而放弃了文化品位，即使在超大博物馆内也能见到一大堆"地摊"品质的所谓的文创衍生产品，这些产品往往以价廉和生产工艺粗糙为特征，这是当下博物馆文创产品需要思考的一大问题。

3. 文创产品的原创性问题，文创产品的火爆即得益于当时相对落后的文化环境，也与政策对文创产业的极大推动而带来的虚假繁荣有关，文化的滞后发展曾经让一个普通的产品贴上文化的标签就可以 10 倍于功能性产品的价格出售，而随着文化的发展、公众审美水平的提高以及物质文化内涵的沉淀，原以"文化、品味与情怀"为消费诉求的文创产品开始遇到发展的瓶颈，"价格昂贵，华而不实"似乎成为当下部分文创产品的负面标签。在这两种极端态度交织的当下，如何发掘文化内在本质与精髓，是实现创意加值和推动文创产品后续发展的必由之路。

　　优化博物馆文化信息的有效传达，应在策划阶段就整合各方力量，共同应对博物馆布展过程中涉及的各类专业问题。长期以来，美国博物馆一直注重在展览策划中引入外来的力量，他们往往会在大型的展览团队中设置一个"咨询委员会"（Advisory Committee）的机构，其目的在于为博物馆展览提供直接的研究。"技术和信息支持，咨询委员会是美国博物馆展览引入公众参与机制的典型范例，最初的咨询委员会成员往往由来自学校、收藏家或者其他研究机构的专业人士组成，随着博物馆公众服务意识的提高，一种基于社区型的咨询委员会正在兴起，而博物馆的长期会员、志愿者、捐赠者、董事会成员等也开始在委员会中扮演重要角色"，这种基于社区型的咨询委员会代表着博物馆经营服务理念的转变，他们不仅要咨询专家学者的意见，更要尊重来自公众的声音。

　　因此，未来的博物馆文创重要的不在于表面数量的快速增长，不在于自身发展多大的设计力量，也不在于结成多大范围的博物馆文创联盟，来快速组织大量毫无差异化的文创产品，而在于如何整合那些对设计与文化有着执着追求的设计力量，真正通过设计来创造出新的文化价值，才能让博物馆再次引领文化的发展。

第八章

博物馆在中国的发展

经过以上对中国博物馆的大量分析可以发现，无论是国外还是国内博物馆，在不同程度上均存在发展与改革的问题。事物发展的基本规律告诉我们，任何问题的产生并不局限于其本身，必然会受到周围环境的影响。我国城市发展的多层次性及各方面的差异性，决定了博物馆所面临的发展问题和发展策略不尽相同，根据城市规模大小及自身属性的基本特点，本研究将从中心城市、一线城市、二、三、四线城市以及乡村、镇博物馆，讨论他们各自发展面临的问题和应对思路。

第一节　中心城市博物馆的发展

中心城市博物馆是国家文化或区域文化的宝库，其悠久的历史、丰富的藏品、巨大的经济投入理应承担起国家文化研究的责任和国家对外形象传播的窗口。在发展策略上要加强大型博物馆之间联合，强调资源、人才、科研方面的交流与合作。究其原因在于，作为国家文化的象征，博物馆的藏品与研究代表的是一个国家的实力。

　　而对博物馆自身而言，一个博物馆的藏品再丰富，品类再多，体系再全，也不可能囊括全球之文物，穷尽人间之遗珍，纵览古今之瑰宝，涵盖地区之特色。正是这种资源的相对短缺，才使得博物馆之间的结合有着重要的现实意义。以美国史密桑尼机构（Smithsonian Institution）为例，该集团为国家机构，其拥有傲视的收藏和多种类型的博物馆，集结成为世界上规模最大的博物馆群。而英国苏格兰的国立博物馆共有7座，以联合运营的方式总称为"苏格兰国家博物馆"（National Museums Scotland），伦敦博物馆也由伦敦博物馆（Museum of London）、伦敦道克兰博物馆（Museum of London Docklands）、伦敦考古博物馆（Museum of London Archaeology）组成。作为国家或区域级的综合博物馆，它是站在国际平台上与其他博物馆同台竞争的。即使是出于自身发展的考虑也要不断地加强博物馆之间的合作与交流，正如前故宫博物院院长单霁翔所言："任何一座博物馆都不应将自身封闭起来，都不可能独善其身，关门办馆没有出路，只有加强交流合作，才有利于优势互补，有利于在整体上提高效率，有利于实现'为社会及其发展服务'目标结果的优化，才能实现博物馆的可持续发展。"

　　对于一线城市博物馆，其所担负的责任与使命与一般地方性博物馆有显著不同，此类博物馆的经济投入理应以政府财政投入为主，而适当融入部分市场化的运营可以辅助博物馆的良好运营与发展，同时也是在为其他后来博物馆的良好运营探索新的有效模式。

第二节　一线城市博物馆的发展

我国悠久的历史文化积淀使得大量一线城市博物馆的文化储藏量都有丰富的表现，规模方面有些甚至可以和中心城市相媲美，但由于同类博物馆数量众多，博物馆的良好运营已然成为亟待解决的问题。

相比中心城市或国家级博物馆，众多一线城市博物馆发展趋势逐渐走向与公众生活相融合，一线城市博物馆的角色定位应该更加倾向于融合当地居民的日常生活，本质上由城市的特点所决定。我国一线城市的发展已经取得了瞩目的成绩，无论是经济基础带来的消费能力的升级，还是文化发展所导致公众文化消费需求的变化，都已经为博物馆充分融入市民生活做好了足够的准备，也为博物馆的发展提供了良好的基础条件。对于具体的形式，可以重点考虑以下两点。

（1）博物馆与社区的融合，如果说社区化曾经是博物馆发展的热潮，那最该社区化的博物馆就应该是一线城市的博物馆，向上看中心城市的博物馆依靠其无与伦比的影响力根本不存在经营方面的问题，至少对我国人口众多的国家而言这是一种客观情况，像故宫博物院仅文创产品这一项每年就超过十几个亿，况且这些博物馆吸引的远不止是国内游客，中心城市或国家级博物馆几乎也是国际游客必去的旅游地。但对大量一线城市博物馆而言，即使刻意与旅游业结合，总体参观量也未必可观，因此博物馆社区化是其发展必须考虑的问题。

博物馆社区化的问题首先可以通过博物馆现有的外延功能和各类活动进行实施，吸引加强与周边居民的联系，让居民的日常生活内容与博物馆产生更多的交集，逐步改善博物馆的场所性质，使之从高高在上的文化展示平台，逐步转向贴近居民公共生活的平台，公共生活可以是各种正式的交流会，也可以是居民的日常休闲。这里最大的问题还不是博物馆的问题，而是居民愿不愿意走进博物馆的问题，因为长期以来博物馆给公众最深刻的印象就是观展而非日常的消费。

（2）与教育结合，在国外运营比较好的博物馆中，几乎都有与各类学校合作开发并教授课程的功能。在欧洲如伦敦博物馆，除了设置不同年龄段的专业课程，还能够颁发具有一定权威性的证书；哥本哈根博物馆提供了包括初中、高中以及适合大学生的各类课程，这些课程能够通过各类真实的文物来深入讲解哥本哈根的城市历史，除此之外博物馆还针对老师们开发了有助于提高收藏技能和水平的专门课程，同时还会自主开发各种不同的教材。而在国内，这种同学校联合教学开发教材的功能，主要出现在超级综合型中心城市或国家级博物馆，如 2016 年 8 月，上海博物馆与上海科技教育出版社联合出版了"上海博物馆文物游戏丛书之青铜国"，同时还利用网络和馆内资源开展了针对教师的进修与培训。2016 年中国国家博物馆与史家教育集团、新蕾出版社三方联合开发出版了《"写给孩子的传统文化"：博悟之旅》系列丛书，将博物馆中的历史文化纳入了中小学各科的教学中去。这里需要强调的是，不是博物馆是否已经与教育结合的问题，而是与教育结合是哪些博物馆应该努力的问题，大量一线城市博物馆的管理仍然在很大程度上依靠政府财政投入，展馆教育功能是否与教育机构紧密合作，教育活动是否能够取得效果，这都是一线城市博物馆在发挥教育功能时应该思考的问题。

博物馆的社区化与教育功能的充分发挥是解决当下一线城市博物馆发展的重要途径，在这个过程中，重点应积极创新管理与经营方式，而创新管理与经营的目标是要尽可能地摆脱政府永无止境的财政投入，通过自身的造血功能实现博物馆的可持续发展。

第三节　二、三、四线城市博物馆的发展

如果说一线城市的博物馆是基于城市文化的积淀和城市建设自然发展起来的话，大量二、三、四线城市博物馆的发展则是另外一种景象。回看 40 多年来中国城市发展的历程，中国城市取得全面发展的同时伴随着激烈的竞争，有大量基础较好的城市在发展的大潮中掉队。与此同时，相当一批基础并不太好的城市后来居上，超越了原来同级别甚至更高级别的城市，根本原因在于经济。但不可否认的是象征城市文化的博物馆在城市再造过程中起到了重要的推动作用，当大批设计现代规模宏大的博物馆在城市新区矗立起来，以房地产为首的造城运动大显身手，从这个意义上看，博物馆在大量二、三、四线城市的发展中具有城市发展助推器的作用，而正因如此，这些博物馆的后继经营和发展问题也才更加突出，具体表现如下。

（1）博物馆参观量不足，近些年博物馆问题中常常被提及的"大量博物馆门可罗雀"说的就是二、三、四线城市的博物馆，究其原因在于，二、三、四线城市的经济与文化发展还没能催生出足够的文化消费需求。虽然博物馆免费开放，公众参观博物馆没有经济成本，但时间本身也是成本的一部分，而最关键的仍然是当地公众没有足够的文化消费需求。

（2）博物馆文化容量不足，美国著名哲学家、散文家、诗人爱默生（R. W. Emerson 1803—1882）曾经讲过，城市的价值在于其文化容

量的大小（包括文化和影响力）。对于城市文化容量的研究与判断尚没有非常明确的权威的定量化评价体系，对博物馆而言，撇开城市非物质化的文化传统，城市本身有多少物质化的文化遗存，或者说已经发现并发掘出多少数量的文化遗存是至关重要的。因为博物馆的文化分量根本上不在于其有多大规模的建筑，也不在于有多么高科技的展示方式，关键要看有多少具有重要文化意义的文物。而对大部分二、三、四线城市而言，由于科研力量本身不足，地方文物的考古和发掘数量相对有限，重要文物或考古成果可能要送到上级单位进行保管，城市突然建造大规模的博物馆，这就很容易造成其文化容量的不足，而通常的方法则是通过展示设计的手法或演绎的手段弥补这种缺陷，事实上这无法掩盖文化容量不足的根本问题。

当然看待这些二、三、四线城市的博物馆时，不能只看到不足产生的消极面而抹杀了其在城市发展过程中起到的积极作用，况且社会经济的综合发展，建设城市博物馆只是时间早晚的问题，当下最关键的是思考并解决其面临的问题。

（1）增加科研投入、积累沉淀文化，为实现未来博物馆社区化的最终目标，通过博物馆与市民的良好互动，进而让博物馆成为真正服务公众的文化设施，二、三、四线城市博物馆最需要解决的是投入更多的研究力量，梳理当地特色的文化资源，同步整理与市民生活息息相关的非物质文化资源，不断丰富博物馆与城市本身的文化容量。

（2）改革管理体制，不断培养公众博物馆文化消费的习惯，互联网与网络媒体的发展正使得个人的学习效率和素质提升以数倍于过去的速度发展，二、三、四线城市人口的文化消费需求也在快速发生着变化，每个人内心深处都有对高品位生活方式的向往与追求，这从火爆当下的

"爱彼迎"（Airbnb）特色民宿以及遍及城市中大大小小的主题餐厅或商业空间就能够证明。二、三、四线城市市民的消费已经不仅仅停留在功能层面，文化层面的更高需求已经产生，但尽管如此，客观上经济与文化发展的局限仍然与一线城市保持着一定差距。因此才需要尽早培养市民的文化消费观念，以便在条件成熟时自然地让博物馆能够走进市民的日常生活。

运营资金投入方面，在没有形成足够良好的经济与文化消费需求之前，二、三、四线城市的博物馆仍然需要政府的财政投入以维持其运营，这也是城市发展的必然过程。

第四节　乡村博物馆的发展

早在 1960 年，联合国教科文组织《关于博物馆向公众开放最有效方法的建议》就指出："博物馆应成为其所在地区的知识和文化中心，从而有助于社会的知识和文化生活，相应的社会应得到参与博物馆活动及发展的机会。"在后续几十年全球经济高速增长的社会背景下，虽然在不同时期多次提出博物馆的发展要与当地居民的生活相结合，但总体上博物馆的发展更多是作为社会经典文化的代言人，特别是我国近十多年的城市化高速发展，博物馆成了大量中小城市文化发展的象征符号与经济发展的助推器，博物馆与公众生活特别是与普通人生活的关系正在渐行渐远，这从许多中小城市博物馆开放日的人流量就能窥知一二。快速发展的二、三、四线城市尚且如此，小城镇与乡村博物馆就更难谈及发展。

然而继一线城市到二、三、四线城市之后，小城镇和乡村博物馆终于迎来了新的发展契机。2013 年 12 月，习近平总书记在中央农村工作会议上指出："农村是我国传统文明的发源地，乡土文化的根不能断，农村不能成为荒芜的农村、留守的农村、记忆中的故园。"特别是党的十七大提出"要统筹城乡发展，推进社会主义新农村建设"，2018 年中共中央国务院印发的《关于实施乡村振兴战略的意见》指出："必须传承发展提升农耕文明，走乡村文化兴盛之路。"传统的乡村文明与乡村文化历史开始受到重视，在这期间山东省联合全省多部门推动"乡村记忆工程"，通过引入民俗生态博物馆、乡村博物馆等概念，保护传承文化遗产，留住我们的乡愁；浙江省东阳市南马镇花园村建成的全国首家农村博物馆，以乡村文化为展示内容的各类主题博物馆开始快速发展。

乡村博物馆的价值和意义体现在乡村博物馆担负着乡村文化的传承和发展。"每个村落都是一个文化宝库，储藏着极其丰富的非物质的精神文化遗产。"乡村博物馆的建设无疑是对乡村传统物质与非物质文化遗产的最好保护，另外借助乡村振兴战略，推动乡村旅游与博物馆建设的结合，通过消费乡土文化、体验乡土文明，逐步扩大乡村博物馆的影响力和文化经济的外溢效益，服务乡村文化经济与社会的全面振兴，以此带动地方经济发展。而到未来，如同二、三、四线城市博物馆的发展，当它完成了推动地方经济发展的任务之后，乡村博物馆的发展必然也要走向百姓的日常生活，最终成为居民生活记忆的一部分。

综上，博物馆在中国的发展必须建立在对地方发展客观认识的基础之上，任何与当地发展水平不匹配的超前发展都不利于博物馆的可持续发展。未来博物馆的发展不能只依靠冰冷的文物，而要利用当地特色的物质与非物质文化资源，催生出服务与当下生活的文化产品，博物馆也不能仅仅是古老文化的代言人，更要成为当下公众文化生活的一部分。

第九章

讨论与总结

博物馆资金短缺是一个世界性问题，为解决这个问题，博物馆曾做过许多尝试，归纳起来不外乎两个方面：博物馆内部和博物馆外部。然而，无论是从博物馆内部还是外部，都与博物馆协调处理好与公众的关系紧密相连，就内部而言，博物馆必须树立正确的公众态度，实现博物馆的社会责任，坚信博物馆的真正主人不是博物馆馆长、博物馆的研究人员或其他什么人，而是社会大众，博物馆要在此基础之上，不断推出新的、高质量的、贴近公众生活的独特产品。也正因如此，博物馆问题研究必须直面博物馆价值如何体现，如何服务公众这样的根本性问题。

第一节 虚拟与现实的对抗

虚拟作为这个时代最鲜明的特征，从虚拟经济到虚拟现实、虚拟社区，无不颠覆了人们传统的社会生活，也刺激了虚拟服务这一形式的出现。本质上服务是一个"体验"的过程，在博物馆经营中，由于技术的推动，虚拟博物馆成了当下各大博物馆提供参观服务的主要方式，特别是在 2020 年突发疫情的时间内，各大博物馆的虚拟展览被更多人所熟知，近乎真实场景的体验，且能免遭拥挤的人潮，关键是足不出户就能轻易看到各大博物馆最精彩的内容，这种颠覆性的博物馆参观方式正逐渐改写博物馆的未来。

（1）体验的价值，当今博物馆的消费观念已经与以往博物馆消费有了很大的不同。以往参观博物馆很大程度上是出于对辉煌灿烂的经典文化成果的瞻仰与知识的学习，而今博物馆的消费更多是为了获取生活体验，参观过程获得的体验感远远大于参观过程中知识的获取量。正如博物馆学者约翰·福柯认为，"对相当比例的观众人群而言，学习知识、受到教育并不是他们参观体验博物馆的最佳效果，而某种特殊的环境、某次有趣的参观或与家人度过的愉快时光，却能够成为他们对博物馆永久的记忆"。显然博物馆消费的关键已经从观展本身逐渐向活动转化，活动的体验感在博物馆消费过程中占据的比重正越来越大，这也是博物馆消费无法被互联网虚拟世界代替的主要原因。

另外博物馆消费过程中，其最大的魅力在于情感体验上能够获得真实性的特点。认知学家乔治·莱考夫（George Lakoff）的具身认知理论指出，人对事物的认知过程是身体、大脑与周边环境相互作用的结果。与虚拟的互联网相比，真实空间的物体连接所重新建构的文化意义更具真实性，至少在现阶段，人类的情感交流还没有发展到能够脱离媒介而存在的程度，人类的文化基因和消费习惯也还处在一个无法脱离实物而存在的阶段，就像人可以通过各种虚拟的方式购买虚拟的产品，却不愿以任何方式购买虚拟的服务一样，如果服务都可以虚拟的话，那么一切体验就都不复存在了。

（2）体验的无力，无可否认，技术的发展正在不断刷新我们对体验的认知，在物质匮乏的时代能够看到一段动态的影像都能给人带来强烈的视觉刺激和心理体验，而在电子产品逐渐普及的时代，以 3D 虚拟技术及互动技术为代表的交互体验，再一次改写了我们对体验的认知深度。而当下利用多种媒体、AR 和 VR 为代表的关键技术共同打造丰富多元的体验产品，又一次刷新了我们对体验的认知，沉浸体验以多元媒介、声光技术和人工智能等构成，通过视、听、触、嗅觉等多种感官刺激，实现人与物的信息交流。在强烈的视觉震撼力与情绪感染力面前，有人认为以往所有的体验产品都需要以沉浸体验的方式重新做一遍，这一体验技术与理念的革新必将对博物馆的展示带来重要的影响，但展示的丰富体验能够取代博物馆本身吗？

第二节　当代博物馆价值的再认识

博物馆对公众的价值问题，必须让我们思考究竟什么样的人才会有更多的兴趣参观博物馆，公众参观博物馆的原因是什么？在 1989 年首次出版的《新博物馆学》曾指出"参观博物馆是一种文化现象"，其中以详尽而大量的调查结果显示，影响公众参观博物馆的原因至少有三个主要因素。

首先，"个人对了解过去的态度如何"，对过去感兴趣是参观博物馆的先决条件之一（当然不能由此判断不去参观博物馆是因为对过去不感兴趣，因为即使对过去感兴趣也有些公众选择不去参观博物馆）。这可以解释为具有怀旧性格的人对博物馆更感兴趣。

其次决定是否愿意参观博物馆的另一个因素是"对博物馆提供的

各种体验活动的印象"，对体验活动印象越好的观众越愿意参观博物馆，65岁以上且年龄越大的老年人参观的可能性越小，这也许和老年心态本身相关。一项对老年人的社会调查显示，为什么老年公寓有着比家里好无数倍的养老条件老年人却不愿去养老院养老，其并不一定是因为中国传统的孝道或家庭和美的传统文化观，更重要的是老年人待在养老院中每天面对缺乏活力的老年人，整天目睹着老人一个个离开人世，那种心理压力是常人难以体会的。相反，现在也有很多有条件的老年人不愿到郊区过那种田园般的健康生活，而宁愿待在居住条件狭小的闹市区，因为每天面对活力无限的年轻人会让他们忘记自己的年龄。而同样在杭州有个政府公益项目，让年轻人在老年社区以极低的价格租到廉价的公租房，条件是利用业余的时间同老年群体多多沟通，提高老年人的生活质量，甚至还可以用信用积分的形式抵消自己的房租，既减轻了年轻人在城市租房的压力，同时又能解决老年人生活质量的问题，一举两得。其实在欧洲发达国家的青年志愿者信用体系也正体现了这样一种社会群体的生活状态和相互需求。从这种角度讲，年龄段更大的老年人不愿到博物馆中参观也是可以理解的，毕竟博物馆很容易给人一种老旧的心理暗示。

最后影响公众参观博物馆的因素还有"受教育程度"，教育程度越高的人对参观博物馆的兴趣越浓。同时对现实生活的态度也是影响参观博物馆兴趣的因素之一，对当下生活抱有积极态度的人参观博物馆的兴趣越高。这可以从积极态度带给人的好奇心去理解人的这种行为，一个人为什么感觉这个世界美好，很大程度上是因为在他眼里存在大量能够带来正面情绪的事或物，而在这种气氛的带动下，不良事物的负面性会大大降低。而为什么对当下生活厌倦的人也会对参观博物馆产生更多的兴趣，很大程度上是因为他对眼前事物产生的逃离现实的情绪，而对现实的不满同样也会容易使其产生怀旧的情感。

参观博物馆表面上看是个体的一种行为偏好，但由无数个体构成的人类社会将大多数人内在性格构成的潜意识，会极大影响人类整体，从而引起一种文化现象，从这个意义上讲博物馆对公众的影响就是一种普遍性的存在。

另外我国在 20 世纪 80 年代的博物馆观众研究方面显示，影响公众参观博物馆的因素主要集中在距离、文化程度、年龄、社会（职业）分类、闲暇时间、收入及对博物馆现状的满意程度等偏向客观的要素。

而在当下博物馆功能发生变化的情况下（由征集、保护、研究、传播、展出，开始转向服务公众的日常生活），博物馆对公众的价值同样会发生变化，博物馆要发展成为令公众向往的"历史教育场所、知识学习场所、艺术享受场所、娱乐休闲场所和素质培养场所"。事实上历史教育、知识学习、艺术享受以及素质培养仍然是博物馆传统功能的延续和发展，而娱乐休闲则是当下博物馆功能创新的一个方向，当然这种娱乐休闲不能是等同于商业性的流行文化，而应该是和"传统文化"与"前沿文化"紧密结合，并带有博物馆特色的休闲活动。

第三节　宏观助推城市发展

"博物馆对城市发展的影响效应有长期和短期之分，短期效应可定量，也往往有形；长期效应可定性但无形。"博物馆在城市发展过程中的作用并不能与一座市民广场或者一个城市车展相比，然而当我们想在短时间内去了解一个城市时好像又没有任何地点比去一个城市的博物馆更合适，博物馆对一座城市的价值在于储存展示一个城市独有的文化传承和历史记忆，虽然有大量的案例证明博物馆在推动城市发展过程中具有潜在的推动作用，比如大规模博物馆的建立对城市文化中心和城市发展中心的形成具有决定性作用，但又似乎很难量化其在中间究竟起到了多大的作用，甚至某些博物馆项目还成了民众表达对政府不满的对象，这又和博物馆发挥推动城市发展的作用相背而驰。那么博物馆对城市发展的价值和意义究竟在哪里？

（1）推动城市素质发展，培养城市气质。"据美国《综合社会调查报告》（General Social Survey，GSS）的数据分析，参观博物馆等艺术活动有利于提高公民的参与度、容忍度和无私奉献精神。且有证据显示，博物馆所采用的沉浸式讲故事方式有利于培养同理心，而包括同理心在内的社交情感能力正影响着教育与人生的远期发展。"而在博物馆与城市的互动中，民众的骄傲与自豪感会油然而生。居民会对他们身边的博物馆产生一种近乎"爱国"的情感，尤其是当该机构在社区中产生决定性影响力，甚至在国际上享有盛誉时。这种软性因素对非居民同样发挥作用，他们会认为该城市的居民更有文化、教养、内涵等。这种对个人人格、精神价值观念以及思想意识的全面影响必然会对城市发展产生影响，不管这种影响是多么间接，周期多么漫长，都无法否认这种影响的客观存在。

（2）文物存储与文化记忆。如果非要拷问博物馆对于一个人究竟有多大价值，那必须思考个体"记忆"对个人有没有价值，生活记忆对个人的价值是生命生活体验的重要组成部分。如果说将一个人的一生分为三个阶段，第一个阶段是以学习为中心的准备阶段，第二个阶段是为自己和社会创造价值的阶段，那么第三个阶段便是体验价值的阶段。而人生前两个阶段的所有记忆都将是人生体验的根本来源，人在当前阶段对前一阶段的生活记忆的怀念情绪所构成的情感体验，是任何物质化的东西所无法取代的。正因如此可以断定，以储存生活记忆的博物馆必然会对个人产生客观的情感体验。而这就要求以往以储存文物为主的博物馆转变思路，改变以往对文物必须是距离当下相当久远的古迹或遗存的固定认知。

对于"文物"，官方对文物的正式定义最早见于1961年《中华人民共和国文物保护条例》，条例规定：（一）与重大历史事件、革命运动和重要人物有关的、具有纪念意义和史料价值的建筑物、遗址、纪念物等；（二）具有历史、艺术、科学价值的古文化遗址、古墓葬、古建筑、古窟寺、石刻等；（三）各时代有价值的艺术品、工艺美术品；（四）革命文献资料以及具有历史、艺术和科学价值的古旧图书资料；（五）反映各时代社会制度、社会生产、社会生活的代表性实物。1993年《中国大百科全书·文物博物馆卷》给文物下的定义是"文物是人类在历史发展过程中遗留下来的遗物、遗迹"，同时谈道"当代中国根据文物的特征，结合中国保存文物的具体情况，把'文物'一词作为人类社会历史发展过程中遗留下来的、由人类创造或者与人类活动有关的一切有价值的物质遗存的总称"。而后大量专家学者所尝试对文物的定义都在强调其"历史、科学、艺术的价值"并且强调了其"遗存"属性。而在此过程中吕军曾在《"文物"一词浅析》中谈道，文物可以定义为"具有一定历史、艺术、科学价值的人类文化产生的实物"。作者还进一步阐明其观点：文物可以不受年代是否久远的限制，但文物必须是实物。

究竟什么是历史遗存，专家学者虽然没有明确久远或历史的时间定义，但在一般人的认知中至少要"百年"以上才能称得上文物。然而当下世界特别是中国近百年的发展，其在生活方式上所发生的变化已经不能同历史上任何时间相提并论，在近百年间，特别是近40年的发展，大量延续了几百年的生产生活方式迅速退出了人们的生活。虽然时间尚短，但是对大部分人而言已经成了记忆的组成部分，而对当下生活有着深切体验的文化记忆恰恰就是这些难以被纳入历史遗存中的各类遗存。虽然时间尚短，但这并不能否定其作为文物的价值，例如北京首都博物馆曾以"城市记忆：百姓之家"进行展览，它征集、展出藏品的时间界定在新中国成立至21世纪初，展品来自百姓生活的角落，营造出亲切的时代氛围，从百姓生活的轨迹诠释出"百姓之家"的演变主题，就深深地感染了观众。

因此，转变观念，将这些尚未完全消失的文化遗存进行收集展示，让当下公众以一种更有深切体验的方式体验文化记忆也许是当下发挥博物馆价值不可被忽视的部分。

第四节　微观服务公众生活

博物馆的服务对象大致可以分为两个部分，一是所在地之外的游客，二是博物馆所在地的城市居民，思考博物馆的价值问题必须从服务对象能从博物馆中获得什么谈起。

（1）旅行者，罗纳德·贝格托（Ronald A. Beghtto）指出，"精心设计的博物馆展览通过催化想象力，在个体的义上，为观众提供了潜在

194

的转化体验，通过瞥视过去、现在和潜在的世界，体验新鲜、趣味、惊奇"。从旅行者的基本动机看，旅行者最初的行为动机源于对异域文化的新奇感和探索欲，而博物馆是除旅游地之外能够让旅行者在尽可能短的时间内获得异域文化体验的综合场域。在文旅结合的时代，"博物馆要从传统意义上的专业研究和公共文化服务机构，逐步向地方历史文化、建筑、藏品和人文精神为一体的文化景观转变，成为与社会公众持续互动演进的特色空间"。

从博物馆到文化景观，从景观角度看，城市中任何一处带有文化符号的公共空间都可以称为文化景观，但不同于一般意义上的文化景观。以博物馆为核心的综合城市环境构成的文化景观具有主体鲜明、规模宏大、系统性强的特点。围绕博物馆建筑，博物馆文化景观的范围已经扩大到了景区的范畴，从带有博物馆信息的城市道路指示标牌开始，再到各类以博物馆为文化符号特征的公共设施（休息座椅、垃圾桶、内部指示标牌、局部围挡等）所形成的物理边界，都能在旅行者内心形成一种具有博物馆独特文化气息的空间场域，这种由旅行者根据视觉环境特征的变化主动建构起来的环境景观集合就构成了博物馆文化景观。

（2）地方公众生活。地方公众区别于外来旅行者，主要指居住在博物馆周边一定范围内的城市居民，因为对博物馆价值的理解不能一直停留在依靠旅游或者通过和旅游嫁接来求发展，未来博物馆的根本价值定位应该聚焦当地城市居民，因为博物馆在一定程度上是城市公共文化设施，这是博物馆价值功能转向的基础，也可以在一定程度上说明为什么国外发达国家城市博物馆的拥有量是我国很多城市的数倍，而且还在不断发展新型主题性的博物馆，但我国有大量三四线城市只有一座博物馆却面临着缺乏观众的窘境。其根本就在于对博物馆自身价值的定位过多地聚焦在传播文化上，进而滋生了一种宣扬自我的心态，从而会疏离公众，而博物馆作为城市公共文化设施不考虑服务当地居民还何谈公共设施呢？

　　博物馆服务当地公众的生活并不是新鲜的创意或创新，早在 20 世纪 70 年代国际博物馆理事会在讨论博物馆定义时就曾提出"博物馆是一个为社区服务机构"的看法。20 世纪 80 至 90 年代"新博物馆学"运动推动了"社区关怀"思潮的兴起。1990 年、1995 年、1997 年、2001 年、2008 年国际博协举办的大会是博物馆与社区相关的议题，2010 年第 22 届大会诞生的《上海宣言》，再次强调博物馆的社区化和无边界化。博物馆服务社区已经发展了几十年的时间，但因为受管理体制的影响，我国博物馆特别是公立博物馆在服务社区、服务当地城市居民方面的做法上仍然有待进一步的改进，"在发达国家博物馆与社区结合形成的社区博物馆，成为了加强社区成员之间联系、和睦相处和提升归属感的重要纽带，并发挥着凝聚社区文化、公众教育中心和发展社区力量的作用"。博物馆服务公众需要解决的绝不仅仅是表面上功能有无的问题，形式上的茶室、图书阅览、休闲甜点几乎涵盖了当前博物馆对外提供展览之外服务的基本内容。就目前大量博物馆而言，无论是以往原有的博物馆，还是新规划建设的博物馆几乎都具备了不同数量的此类空间，但关键是这些功能有没有被公众充分接受，有没有培养起公众在博物馆中自然消费的习惯。博物馆服务公众生活的功能不能仅体现在形式上的空间配置，更不能为发挥服务社会公益职能而刻意组织一些面子上的培训教育活动。要逐步将博物馆的运营融入公众的日常生活，要让到博物馆消费成为一种自然常态，这才是博物馆的未来。

第五节　博物馆与公众的新关系

第一代以展馆留言本和参访问卷调查为纽带的展馆与公众关系具有形式化特征。虽然在两者之间存在互动，但是互动的中心或者占主导地位的仍是展馆而非观众。第二代以互联网消费平台为基础的信息反馈对博物馆的经营有了一定的导向作用，互联网建构了一个以反馈者为中心的开放格局，反馈者在平台上具有更多的主导力，能够彻底摆脱馆方对展馆的影响。而第三代以影音社交媒体软件（如快手、抖音等）为代表的参访体验则会对未来博物馆的经营产生不容忽视的影响。

现代博物馆发展的几百年时间里，其重要议题都在讨论它的价值功能问题以及如何更好地为公众服务的问题。无论服务公众的方式方法历经何种变化与创新，但本质上博物馆仍然在两者关系中占据着主导方，也就是说博物馆愿意提供什么样的产品，公众就接受什么样的产品，公众对博物馆的影响相对很小，甚至在很长一段时间内没有任何影响。虽然近年来博物馆界提出了要将公众需求作为主体，馆方的服务内容和服务方式要围绕公众需求而努力，但在事实上，这很大程度上是博物馆单方面出于经营的需要而在运营方式上的改革，根本上没有改变博物馆为中心的关系格局。

而在当下，随着社交媒体的发展与信息去中心化的趋势，公众与博物馆的关系也在发生着微妙的变化，公众作为博物馆文化信息受众的同时，也成了博物馆推广的媒介与载体。当下社交媒体的发展对博物馆的推广作用虽然在形式上仍然是依靠口碑效应，但是在影响力上已经与原来的线性传播方式有了本质的不同。因为以社交媒体为主要方式的信息传播方式已经不再是互联网上的一个外置节点，而很容易演变成多中心中的一个中心。因为第一代、第二代的关系是建立在单中心基础上的，但第三代则是以信息的多中心为导向的，任何个体随时都可能成为一个潜在的中心，这种社区化的中心影响力一旦形成网红，则能够爆发出让人难以想象的威力。而在目前看来，信息传播的多中心化正在成为一种不可逆转的趋势，正因如此，博物馆才要深刻思考与公众的新型关系问题。

第六节　博物馆服务公众的方式与途径

　　早在 1925 年，美国博物馆协会制定的博物馆工作人员手册就阐述了公众服务的含义："从最广泛意义上来讲，博物馆是为人类社会和人类未来保护人类遗产的机构。博物馆的价值直接体现在他们为人类生活提供的情感和精神上的服务，为公众服务是每个博物馆工作人员必须具备的意识。"由此可见博物馆服务公众的理念和传统已久，但在服务公众的实现途径和方法上经历了多个不同的发展阶段，本质上博物馆服务公众的方式方法会受到社会发展环境与公众文化需求的制约和影响。博物馆服务公众究竟存在哪些具体的内容，发生了怎样的变化，可以从不同时间的具体案例中得到反映。同时对比当下我国博物馆公众服务的内容，找到我国博物馆服务公众的相对坐标。

　　表 9 - 1 和表 9 - 2 是 1985 年美国两家博物馆全年运营的大致内容（其中公立与私立各一家），其全年从事的工作包括（1）常设展览与专

题展；（2）组织参加个人活动；组织学习艺术课程；（3）组织实施教育活动；藏品管理与研究以及运营情况（如表 9 - 1 所示）。从中可以看出，这与当下大多数国外博物馆的日常工作内容没有太大差异，也很难发现今天博物馆与之存在的本质区别或开创性的工作与服务内容。2017 年陆建松教授曾在《博物馆公共服务能力：理念、路径与措施》一文中提出，博物馆公众服务的理念、路径和措施表现在三个基本方面，即"重视常设展、特展与教育工作"。另外从近期英国数字、文化、媒体和体育部（Department for Digital，Culture，Media and Sport，简称 DCMS）对其直接资助的博物馆年度监测指标体系中，同样也可以看出，博物馆服务公众的途径与其经营方式仍然没有发生太大的变化（如表 9 - 2 所示）。考核指标主要监测的是：（1）参观人数及观众的基本情况；（2）学习延伸服务（主要包括 18 岁以下参观者帮助型或自我引导性学习，含特殊教育机构和学校学生参观；夏校学生课程参观；特定的主题活动，假期活动，作业及校外俱乐部）；（3）参观者满意度调查；（4）经营方面主要是门票商业经营，接受捐赠等三种主要类型；（5）专题展览，主要指组展去外地展出的交流活动等。

表 9 - 1　特拉华与费城艺术馆的运营情况梳理（表格来源：本研究整理）

服务项目	展馆名称：特拉华艺术博物馆 展馆性质：私营非盈利 规模大小：1.2 万平方英尺	展馆名称：费城艺术博物馆 展馆性质：公立非盈利 规模大小：10 万平方英尺
（1）举办 专题展览	大型展 2 次 当代工艺两年回顾展 1 次 手工艺品集市展销 1 次	社会重大专题展览 1 次 专题展 7 次 部门展览 33 次 费城工艺展览 1 次

服务项目	展馆名称：特拉华艺术博物馆 展馆性质：私营非盈利 规模大小：1.2 万平方英尺	展馆名称：费城艺术博物馆 展馆性质：公立非盈利 规模大小：10 万平方英尺
（2）组织个人活动	成年人艺术班 45 个 750 人 儿童班共 25 个 375 人 具有较高素质者 8 个，为父母孩子举办家庭课堂，参观画廊、看电影以及艺术创作	学龄前儿童艺术班 课后艺术班 电影与电影制作 表演艺术课 游览居民区 招收艺术学员 1000 余名 并安排展览
（3）组织学习活动	志愿者讲解观看专题展 2 天/周 志愿者活动包括如下 组织游览其他艺术机构 6 个专题讲座 专题讨论会 1 次 电影放映 观看当地艺术家作品	为学者与业余人员提供不同的资料说明 学术报告会专题座谈会 艺术表演 为残疾人特殊展览计划 为老年和成年人安排学习计划
（4）与教育结合	中小学教员提供特殊培训获得学分 三种方式出借展品给课堂教学 展品外展 与特拉华大学合作进行学术研究	针对学生的特殊旅游和教学计划 服务 72000 名学生/年 学校教员的欣赏和专业课程、反复参观
（5）藏品和档案研究	利用藏品进行研究、出版，展览	为专业人员提供资料 展览目录材料印刷发行 专题展览研究发表
经费来源	各有关团体 基金会 个人捐赠	接受基金、博物馆之友、联谊人士及商界捐赠、费城拨款、发展会员、特殊计划（残疾人）政府资金

表 9-2　DCMS 英国数字、文化、媒体和体育部资助博物馆的年度监测指标体系

一级指标	二级指标	内容范围
展馆使用情况	参观次数（非虚拟参观）	√所有一般性参观次数 √夜间活动性参观次数 √英国国民以及外国人的参观次数
	网站访问次数	独立用户访问网站的总次数
参观者基本情况	16 岁以下儿童参观次数	√ 16 岁以下儿童一般性参观次数 √ 16 岁以下儿童参与在博物馆内的教育活动的次数
	外国人参观次数	基于居住地而非国籍的外国人参观次数
学习及延伸服务	接受正规教育的 18 岁以下参观者的帮助型或自我导引型参观次数	√含特殊教育机构和学校的学生参观 √含夏校学生课程有关的参观
	18 岁以下参观者参与现场组织活动的参观次数	含基于特定主题的、有组织的假期活动、假期作业以及校外俱乐部
参观者满意程度	参观者中有推荐参观意愿者的占比	
自我创收情况	门票收入 商业收入 慈善赠予收入	包括常设展览和临时展览的毛收入 销售产品和开展服务获得的净利润 来自个人、慈善组织以及私营公司的慈善捐赠
区域参与情况	出借藏品次数	√发生在英国本土内的 √含年初已有的和本年度新发生的

（表格来源：刘娅：《英国、美国、加拿大博物馆评估近期实践及启示》，2019）

　　从 20 世纪 80 年代以来，无论国内还是国外博物馆，其在公众服务方面的内容没有发生根本性的变化，主要表现在展览策划（常设与专题展）、公共活动和社会教育三个方面。

一、陈列展览

常设与专题展览作为博物馆文化展示方面最核心的工作和内容，在很长的一段时间内是公众博物馆消费的主要甚至是唯一内容。由于我国博物馆管理体制，使得博物馆展览在内容与形式上长期保持了相对的稳定性，博物馆公众服务的数量均可以通过量化的指标接受监管部门的考评，而近些年来展览方面发生的变化很大程度上体现了博物馆公众服务意识与积极性的提高，也带来了展览频率的提高。展览的内容开始与公众的生活保持了更加紧密的关系，策展的主题更加亲民化，大量生活方式、生活记忆类展览在各地频频出现。与我国博物馆运营不同，除了基于博物馆馆藏品的常设和专题展外，国外博物馆因为管理体制的不同，其在博物馆运营模式方面有了更多的探索和创新，集中表现为利用现有的场地资源和位置的优势，以市场化运营的方式，将更多与之相关的社团、研究团体与学术机构的展览活动纳入博物馆的临时展区，各类时尚展、交流会纷纷选择将博物馆作为举办场地，展览的内容选择和活动巧妙利用了博物馆潜藏的文化身份与象征，提高了活动的品味，而博物馆自身也从中找到了更多激活博物馆经营的方法与途径。

二、公共活动

博物馆组织介入公众生活是随着博物馆社区化运动开始的，而博物馆社区化运动开始的原因就源于因经营困难而寻求发展的一种动机。公立博物馆服务公众的优势在于其已有的资源及固有的文化属性，这给馆方举办某些特定类型的活动带来了先天的优良条件。比如在博物馆中组织公众学习文物鉴定、书画培训、学术交流显然要比其他机构给公众更多的信赖感，这是其他任何商业机构所无法比拟的，只是长期以来我国博物馆没有自行灵活运营的机制，或者说馆方自身缺乏组织此类活动的动力。而当下公众博物馆的社区活动形式已经变得异常丰富和多样化，特别是私立小型博物馆，其通过市场逐步探索出服务公众的形式更值得其他各类博物馆学习，当然博物馆的管理体制改革也还在路上。

博物馆通过公共活动服务公众的日常生活，其对社区群体和谐关系的建设同样具有积极意义，传统社区文化中心、活动中心等多种功能空间都可以是与博物馆服务公众的结合点。通过展览与公共活动，能够扩大、凝聚并稳固有着共同兴趣的群体公众，在公共活动中，社区公众既是文化信息的接受者，又是文化传播的重要中介和传播者。

三、社会教育

英国早在1988年制定的"国家课程"中，就明确指出了博物馆教育可与学校课程连接。大英博物馆用于教育活动的空间可以同时容纳140至350人，空间包括四个教室、两个礼堂、数字发现中心、接待处、储存柜及午餐室，这是博物馆参与教育活动最基础的硬件设施。具体教育活动组织上，博物馆通过直接教学、成人教育项目、大量使用志愿者、与传播媒体合作制作教育节目等保障教育活动的广泛开展。

1984年美国博物馆协会出版的《新世纪的博物馆》（*Museums for a New Century*）也将"教育"认定为博物馆的"首要"目标。按保守估计，美国国内博物馆每年为学生提供的服务时数高达390万个小时，已经成了名副其实的"第二课堂"，博物馆的展厅、库房、图书室等成为各层次学生的部分正式课程教学场所。其中史密森博物馆作为一个政府资助、半官方形式的博物馆机构，管理上秘书长作为最高级别成员，下属四个平级的副秘书长，其中一个独立秘书长具体分管教育和公众准入。博物馆已经将自身定位为了教育机构，就连网站域名均以 edu 结尾。依靠自身独有的教育资源，不遗余力地推广教育，这是我国博物馆管理与经营体制改革创新需要重点学习思考的方向。

博物馆教育功能的运营理念与具体做法在很多博物馆管理者眼中并非什么新鲜话题。也不存在学习教学资源方面的问题，更多是博物馆与学校合作机制建设问题，如何从制度层面调动学校与馆方的通力合作是实现博物馆拓展教育功能的关键。我国现有博物馆发挥教育功能的定义在很大程度上是教育资源的提供者而非执行者，而学校方面也没有鼓励教师利用博物馆资源进行教学的激励，甚至在一定程度上还在为规避各种管理风险而阻碍教学创新且坚守着传统课堂教学的模式。

就我国目前博物馆社会教育功能的实施情况看，最为常见的形式主要集中在课程建设上，博物馆作为第二课堂的做法虽然有所实施，但无论数量还是质量仍然与西方博物馆存在较大差距。未来博物馆的教育功能不仅仅停留在组织几场由老师带队的参观活动，以及门口挂着各类教育实习基地的牌子上，这种形式上的教育功能远远达不到与课程深度结合的教学效果。将博物馆的文化资源真正用在不同层次的学校教学活动中，需要学校和馆方的紧密合作与协同，开发适合不同学校且有针对性的学习课程。

针对时下中国的具体情况而言，博物馆发挥教育与社会服务功能，最关键的是城市发展程度是否已经让博物馆有了充分发挥社会服务功能的条件和土壤，问题的根本仍然要回到城市经济与文化发展程度上。2019 年《上海文教结合三年行动计划》（2019—2022）发布，涉及 21 个文化进校园的项目开始落地实施，这种开创性的制度设计之所以在上

海被首先提出来，根本上仍然是城市发展使得公众有了足够经济能力和
文化消费需求。当下中国信息技术的发展实现了全球信息的高效互通，
任何管理理念的传播都是瞬间即可完成的事情，年轻而极具开创精神的
领导层在观念认识和工作实效上都不再是阻碍博物馆发挥教育与服务社
会功能的阻力，影响博物馆发展的仍然是城市发展程度构成的综合
条件。

第七节　博物馆文化信息传达与环境变化

当下我们看待博物馆，已经不能简单地看作只是文化展览的场所，
从博物馆发展的历程、博物馆学会对其使命认知的变化以及它的发展趋
势看，博物馆在保持展览功能的同时，会逐步强化其服务社会的功能。
而对博物馆文化信息的传播也不再仅仅体现在展览内容本身，要从社会
融入的视角，更多地看到它对公众日常生活产生的间接影响。

首先，博物馆的经营方正在从更多维度寻找文化信息传播的途径，
主题展的策展质量将逐渐成为激活博物馆运营、提高文化信息传达效率
的重要方式。

其次，新兴媒介的发展在博物馆文化信息传达效率方面的贡献度仍
然需要客观理性的分析，唯技术论的展示设计方式正在引起更多策划设
计师的反思，展示设计的研究与表现逐渐开始由形式转向信息传达的本
质问题研究。

再次，受传播媒介的影响，以往以展览内容为核心的文化信息传播
效率会持续降低，无论是从文化信息的供给量还是从公众接受文化信息

的渠道和形式看，这都是一种无法逆转的趋势。

最后，公众接受文化信息的方式开始发生重要的改变，无论是学生的学习行为，还是学术研究，利用闲暇碎片化时间进行学习，已经逐渐成为当下学习活动的重要组成部分，寓教于乐正在逐步变成现实。

然而，不管媒介、公众生活方式、博物馆的经营管理及技术发生怎样的变化，也不管在发展过程中面临怎样的问题，博物馆作为储存人类文化记忆载体的根本属性不变，对问题的质疑和反思终将会成为博物馆发展的推动力。

附件1　观众行为观察调研表

第一展区
名称	时长	顺序
1 档案架		
2 流星		
3 幸存者		
4 铁书名录		
5 南京城门		

第二展区
名称	时长	顺序
1 前言与进犯		
2 进犯南京		
3 大轰炸		
4 街头一场景		

第三展区
名称	时长	顺序
1 迁都难民潮		
2 军力对比		
3 南京保卫战		
4 保卫战视频		
5 大轰炸场		

第四展区
名称	时长	顺序
1 大师访谈		
2 大屠杀		
3 性暴行		
4 性暴行2		
5 抢劫纵火		
6 土罐记忆		
7 历史证言		

第五展区
名称	时长	顺序
1 人道主义援		
2 拉贝雕塑		
3 拉贝事迹		
4 魏特琳		
5 魏特琳雕塑		
6 马吉纪录片		
7 国际记录		

第六展区
名称	时长	顺序
1 世界事实		
2 屠杀后的南京		
3 掩埋死难者		
4 掩埋死者		
5 劫后余生		

第七展区
名称	时长	顺序
1 军事法庭审判		
2 证人证词		
3 交互证言		
4 记忆与和平		

第八展区
名称	时长	顺序
1 公祭日		
2 前事不忘		
3 和平墙		

备注

编　号：

记录者：

排队情况　□少　□中　□多

时间分段　□9~11　□11~14　□14~16

是否周末　□是　□否

年龄　□13~19　□19~35　□35~60　□>60

参观人数　□个体　□2-3人

性别　□男　□女

附件 2.1　展项照度评分的空间分布

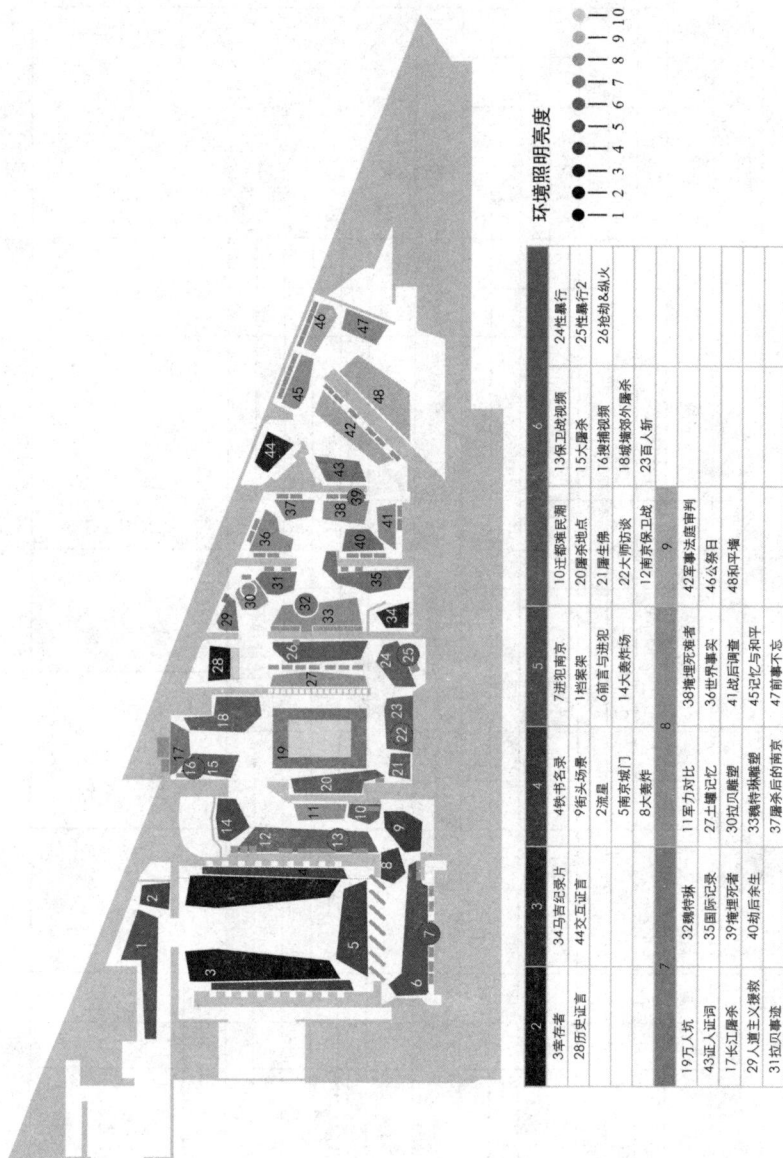

环境照明亮度

2	3	4	5	6	
3牢存者	34鸟言纪录片	4铁书名录	7进犯南京	10迁都难民潮	24性暴行
28历史证言	44交互证言	9街头场景	1档案架	20屠杀地点	25性暴行2
		2废墟	6留言与进犯	21屠生惨	26抢劫&纵火
		5南京城门	14大轰炸场	22大师访谈	18城墙郊外屠杀
		8大轰炸		12南京保卫战	23百人斩
	7		8	9	
19万人坑	32魏特琳	11军力对比	38掩埋死难者	42军事法庭审判	
43迁入证词	35国际记录	27土壤记忆	36世界真实	46公祭日	
17长江屠杀	39掩埋死难者	30坑穴隆型	41战后调查	48和平墙	
29人道主义速救	40劫后余生	33魏特琳雕塑	45记忆与和平		
31垃圾填埋遗迹		37屠杀后的南京	47前事不忘		

附件2.2 展项区位位置空间分布

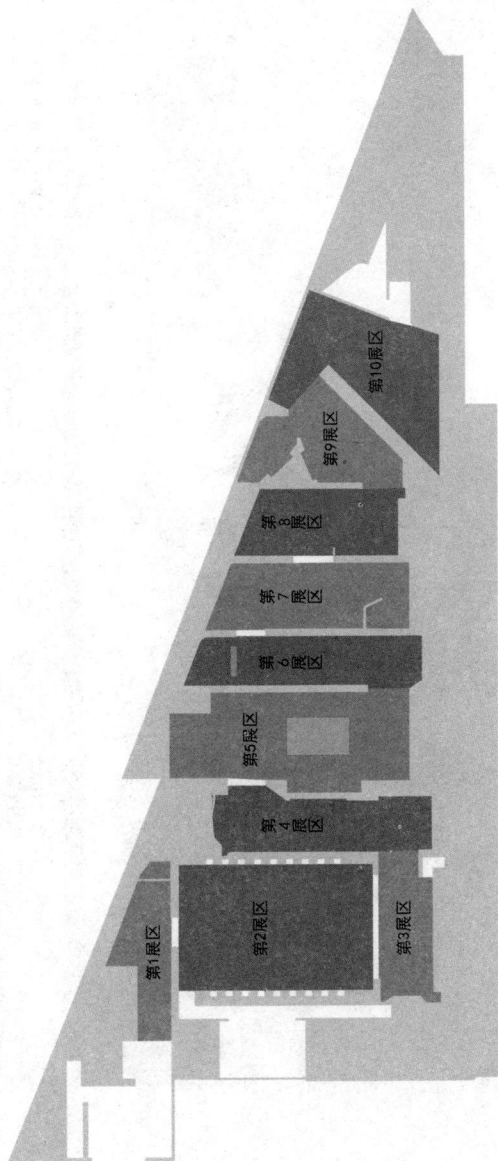

附件2.3　展项适宜停留度的空间分布

附件 2.4　展项停留时长的空间分布

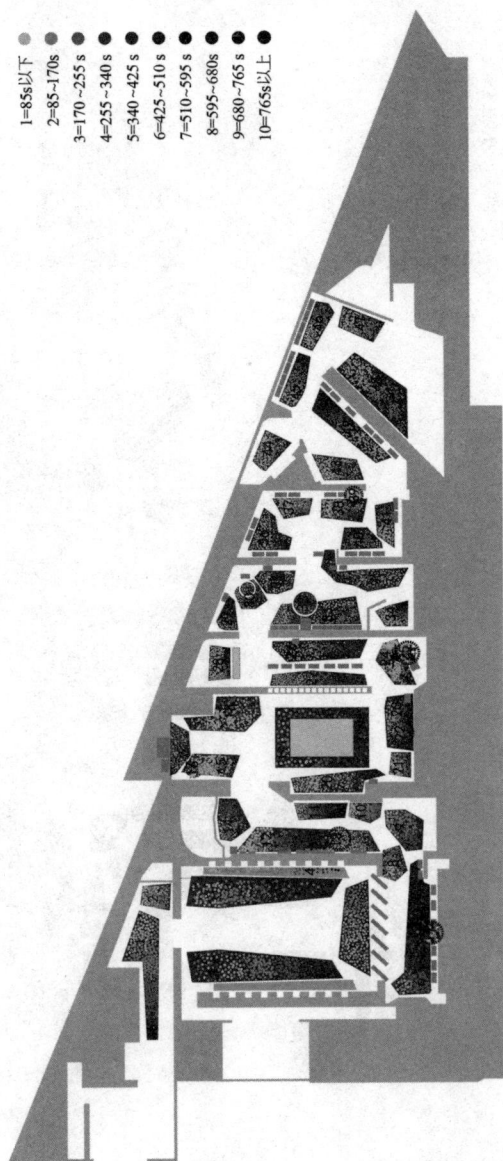

附件2.5 观众参观次数的空间分布

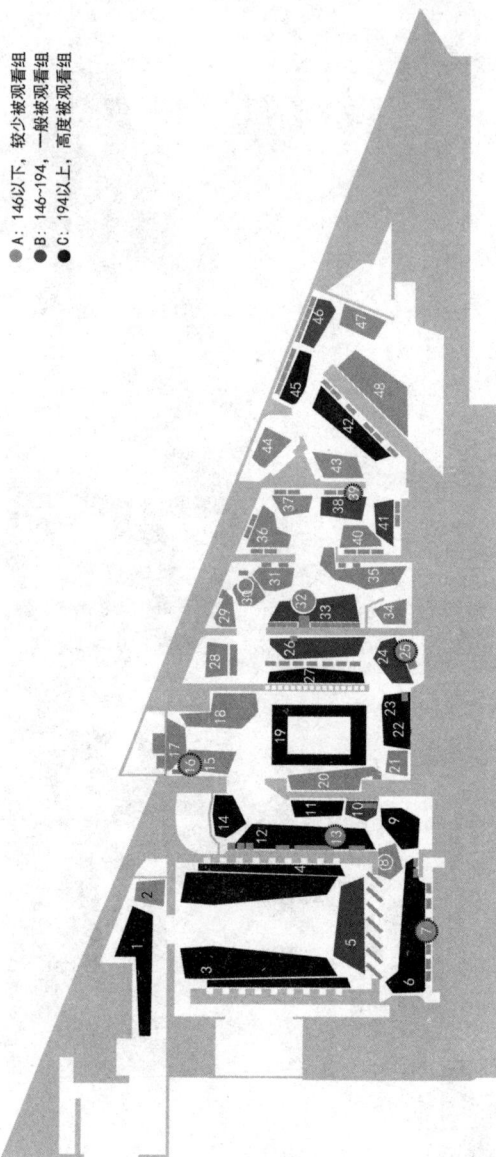

附件2.6 观众参观频率空间分布

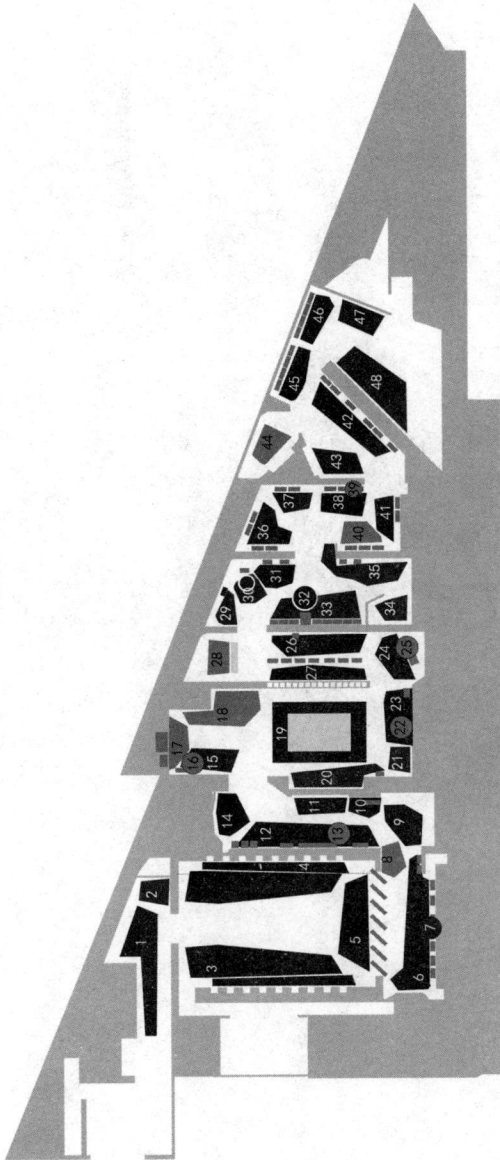

观看频率

3 2 1

8大秦桧	25性暴行2	2溃屋	30拉贝雕塑	43证人证词
13保卫战视频	28历史证言	7进犯南京	33魏特琳雕塑	47前事不忘
16炮楼视频	39街道死者	15大屠杀	34马吉纪录片	48和平墙
17长江屠杀	40劫后余生	20屠杀地点	35国际记录	
18城墙郊外屠杀	44交互证言	21屠生俑	36世界募索	
22大帅访谈		29人道主义暴政	37屠杀后的南京	

1档案架	9街头场景	19万人坑	31拉贝雕塑	45记忆与和平
3幸存者	10汪都难民潮	23盲人折	32魏特琳	46公祭日
4铁书名录	11军力对比	24性暴行	38街道死难者	
5南京城门	12南京保卫战	26枪炮&纵火	41战后调查	
6前言与进犯	14大秦桧场	27土曝记忆	42军事法庭审判	

213

附件 2.7   不认真参访群组参观轨迹

A: 不认真参访者群组

附件2.8　认真参访群组参观轨迹

B：比较认真参访者群组

附件 2.9 非常认真群组参观轨迹

C：非常认真参访者群组

附件3.1　参观者参观体验评估量表

博物馆观众体验调查问卷（观众）

亲爱的观众您好：

您参观博物馆的感受和观点对博物馆的设计与研究具有重要价值，非常感谢您协助进行博物馆的体验认知研究。

填写注意事项：
1分为非常不赞同　5分为非常赞同
请直接在右侧分数旁边勾选。

参访人数：　□1 个体　□2 2~3人　□3 人以上

性别：　□男　□女

年龄：　□13~19　□19~35　□35~60　□>60

项目	得分					项目	得分				
1 票面信息内容清晰	□1	□2	□3	□4	□5	9 图文清晰可读性强	□1	□2	□3	□4	□5
2 建筑形式风格突出	□1	□2	□3	□4	□5	10 实物展陈效果突出	□1	□2	□3	□4	□5
3 标牌文化内涵丰富	□1	□2	□3	□4	□5	11 影音效果沉浸性强	□1	□2	□3	□4	□5
4 公共设施文化内涵丰富	□1	□2	□3	□4	□5	12 声光组合感染力强	□1	□2	□3	□4	□5
5 内容讲解清晰易懂	□1	□2	□3	□4	□5	13 交互内容生动易懂	□1	□2	□3	□4	□5
6 综合服务满意度	□1	□2	□3	□4	□5	14 空间主题特色性强	□1	□2	□3	□4	□5
7 展品珍贵稀有	□1	□2	□3	□4	□5	15 文创产品特色性强	□1	□2	□3	□4	□5
8 展品数量丰富	□1	□2	□3	□4	□5						

此处不必填写　问卷编号　　时间：□周末　□长假　□日常　　人流量：□拥挤　□一般　□人少

附件3.2　研究者评估量表

博物馆布展设计综合评价表（研究机构）

本量表主要用于具有博物馆研究背景的专业人士通过现场调研后对各项内容进行客观评估

填写注意事项：
1 分为非常不赞同
5 分为非常赞同
请直接在右侧分数旁边直接勾选

参访人数 □1 个体 □2~3 人 □3 人以上		性别 □男 □女		年龄 □13~19 □19~35 □35~60 □>60	
项 目	得分	项 目	得分		
1 城市交通可达性	□1 □2 □3 □4 □5	14 实物展陈视觉效果	□1 □2 □3 □4 □5		
2 展馆位置可辨性	□1 □2 □3 □4 □5	15 多媒体技术运用	□1 □2 □3 □4 □5		
3 停车位数量与位置	□1 □2 □3 □4 □5	16 藏品丰富性	□1 □2 □3 □4 □5		
4 场馆外观风格特征	□1 □2 □3 □4 □5	17 展具制作精良	□1 □2 □3 □4 □5		
5 环境整洁舒适	□1 □2 □3 □4 □5	18 体验项目体验度	□1 □2 □3 □4 □5		
6 公共卫生间维护良好	□1 □2 □3 □4 □5	19 餐饮、休息、阅读空间综合环境质量	□1 □2 □3 □4 □5		
7 场馆无障碍设施配置	□1 □2 □3 □4 □5	20 服务人员服务态度	□1 □2 □3 □4 □5		
8 安全导向标识完整	□1 □2 □3 □4 □5	21 信息反馈路径通畅度	□1 □2 □3 □4 □5		
9 物品存放便利性	□1 □2 □3 □4 □5	22 文化衍生品性价比	□1 □2 □3 □4 □5		
10 购票检票便利性	□1 □2 □3 □4 □5	23 总体消费价格合理性	□1 □2 □3 □4 □5		
11 工作人员仪容态度	□1 □2 □3 □4 □5	24 参观人数预估次	□1 □2 □3 □4 □5		
12 志愿者服务质量	□1 □2 □3 □4 □5				
13 藏品丰富性	□1 □2 □3 □4 □5				
问卷编号	评估人员：	备注：			

附件3.3　运营者自我评估量表

博物馆服务条件自查量表（博物馆工作人员）

本量表主要用于本馆工作人员在服务公众方面的相关问题进行客观评估

填写注意事项：
1 分为非常不赞同
5 分为非常赞同
请直接在右侧分数旁边直接勾选

参访人数：□1 个体 □2~3人 □3 人以上	性别 □男 □女	年龄 □13~19 □19~35 □35~60 □>60

项目	得分	项目	得分
1 信息宣传是否充分	□1 □2 □3 □4 □5	9 播放设备性能完好	□1 □2 □3 □4 □5
2 服务设施是否功能完好	□1 □2 □3 □4 □5	10 交互设备运行流畅	□1 □2 □3 □4 □5
3 卫生标准是否达标	□1 □2 □3 □4 □5	11 家具环境舒适度良好	□1 □2 □3 □4 □5
4 室内温度是否舒适	□1 □2 □3 □4 □5	12 食品口味质量良好度	□1 □2 □3 □4 □5
5 辅助设施是否准备到位	□1 □2 □3 □4 □5	13 综合服务态度优良	□1 □2 □3 □4 □5
6 突发需求能否及时处理	□1 □2 □3 □4 □5	14 空间主题特色性强	□1 □2 □3 □4 □5
7 展品更新是否及时	□1 □2 □3 □4 □5	15 文创产品特色性强	□1 □2 □3 □4 □5
8 展品温湿度是否合适	□1 □2 □3 □4 □5		
填写人：		备注	
问卷编号：			

参考文献

［1］〔美〕爱德华·亚历山大，玛丽·亚历山大．博物馆变迁：博物馆历史与功能读本［M］．陈双双，译．南京：译林出版社，2014：31.

［2］尹凯．变迁之道：试论博物馆历史与功能——兼论《博物馆变迁：博物馆历史与功能读本》［J］．东南文化，2015（3）：114-119.

［3］宋向光．博物馆类型研究的意义与启迪［J］．中国博物馆，2019（2）：29-33.

［4］李林．博物馆展览观众评估研究［D］．上海：复旦大学，2009：55.

［5］于淼．博物馆观众研究：广泛的领域与变化的视角［J］．中国博物馆，2016（2）：1-6.

［6］宋晗．博物馆观众体系研究［D］．开封：河南大学．2018.

［7］罗维安．探究多媒体交互技术下的展示设计［J］．包装工程，2014（6）：131-134.

［8］王红，刘素仁．沉浸与叙事：新媒体影像技术下的博物馆文化沉浸式体验设计研究［J］．艺术百家，2018（4）：161-169.

［9］刘康．博物馆公众服务工作面临的挑战［J］．中原文物，2009（2）：107-108.

[10] 魏峻. 中国博物馆的发展新导向 [J]. 东南文化, 2019
(2): 107 – 112.

[11] 李仲广, 卢昌崇. 基础休闲学 [M]. 北京: 社会科学文献
出版社, 2004: 1 – 2.

[12] 邹瑚莹, 王路, 祁斌. 博物馆建筑设计 [M]. 北京: 中国
建筑工业出版社, 2002: 79.

[13] 黄倩. 博物馆: 一种新型休闲生活方式的设计 [J]. 建筑与
文化, 2012 (5): 72 – 73.

[14] 林方. 人的潜能和价值 [M] 北京: 华夏出版社,
1987: 366.

[15] NEIL P. Teaching as a Conserving Activity [M]. New York:
Delta, 1979: 186.

[16] 李林. 博物馆展览观众评估研究 [D]. 上海: 复旦大学,
2009: 55.

[17] 爱德华·托尔曼. 动物和人的目的性行为 [M]. 李维, 译.
北京: 北京大学出版社, 2012.

[18] 王思怡. 博物馆观众研究的反思与演变: 基于实例的观众体
验分析 [J]. 中国博物馆, 2016 (2): 7.

[19] 段勇. 藏品是博物馆实现宗旨的根基 [J]. 中原文物, 2017
(2): 116.

[20] 钱凤德. 静观中国城市规划馆 [M]. 上海: 中西书局,
2016: 99.

[21] 中宣部, 财政部, 文化部, 国家文物局. 关于全国博物馆、
纪念馆免费开放的通知 [EB/OL]. 中国政府网, 2008 – 02 – 01.

［22］吴卫国.京津地区博物馆观众调查报告［J］.中国博物馆，1987（2）：28－44.

［23］周婧景，王文彬，林咏能.复合空间的管理策略研究：以长沙博物馆为例［J］.中国文化产业评论，2019（1）：432－445.

［24］陆保新.博物馆展示方式与展示空间关系研究［J］.建筑学报，2003（4）：60.

［25］沈辰.构建博物馆：从藏品立本到公众体验［J］.东南文化，2016（5）：10.

［26］钱凤德，尹泽，丁娜.文创产品的综合评价与购买行为关系研究［J］.包装工程，2018（24）：183.

［27］晏善富.博物馆公共项目评估：西方的实践［J］.中国博物馆，2005（2）：41－47.

［28］彭文.关于展览评估的思考［J］.中国博物馆，2003（3）：36－39.

［29］李永乐，孙婷，华桂宏.博物馆游客满意因素与价值追寻研究：以中国漕运博物馆为例［J］.东南文化，2019（3）：118－126.

［30］陆建松.论地方博物馆展览学术支撑体系建设［J］.东南文化，2011（4）：6－8.

［31］陆建松.增强博物馆的公共服务能力：理念、路径与措施［J］.东南文化，2017（3）：101－106.

［32］龚良，张蕾.博物馆高质量发展：品质、效能与评估［J］.东南文化，2019（2）：100－106，127－128.

［33］龚良.从社会教育到社会服务：南京博物院提升公共服务的实践与启示［J］.东南文化，2017（3）：107－112，127－128.

［34］BANY L, GAIL D L. The Manual of Museum Management［M］. London: the Stationery Offiee, 1997: 93.

［35］陈燮君. 新的价值体系中的博物馆文化的力量与智慧［J］. 上海文博论丛, 2008（2）: 13.

［36］单霁翔. 从"馆舍天地"走向"大千世界": 关于广义博物馆的思考［M］. 天津: 天津大学出版社, 2011: 144 - 145.

［37］刘易斯·芒福德. 城市发展史［M］. 宋俊岭, 倪文彦, 译. 北京: 中国建筑出版社, 2005: 106.

［38］新华社. 中央农村工作会议在北京举行 习近平作重要讲话. ［EB/OL］. 中国政府网, 2017 - 12 - 29.

［39］冯骥才. 保护古村落是当前文化抢救的重中之重［J］. 政协天地, 2009（11）: 18.

［40］安来顺. 博物馆与公众: 21 世纪博物馆的核心问题之一［J］. 中国博物馆, 1997（4）: 17 - 27, 43.

［41］JOHN H F, LYNN D D. The Museum Experience［M］. New York: Routledge, 1992: 115.

［42］陆建松. 博物馆观众: 调查与分析［J］. 东南文化, 1993（2）: 178 - 183.

［43］吴卫国. 京津地区博物馆观众调查报告［J］. 中国博物馆, 1987（2）: 28 - 44.

［44］龚良, 蔡琴. 博物馆与公众［J］. 东南文化, 2010（2）: 88 - 93.

［45］郑奕. 博物馆提升城市软实力研究［J］. 东南文化, 2019（4）: 121 - 128.

［46］伊丽莎白·梅里特，湖南省博物馆编译．美国博物馆联盟趋势观察2017［EB/OL］．湖南省博物馆网站，2017 – 03 – 27.

［47］GAIL D Lord，NGAIRE B. Cities，Museums and Soft Power［M］．Arlington，VA：The AAM Press，2015：9.

［48］吕军．"文物"一词浅析［J］．文物春秋，1992（1）：46 – 47.

［49］RONALD A B．The Exhibit as Planned Versus the Exhibit as Experienced［J］．Cruator：The Museum Journal，2014（1）．

［50］钱兆悦．文旅融合下的博物馆公众服务：新理念、新方法［J］．东南文化，2018（3）：90 – 94.

［51］郭文光．博物馆公共文化服务体系研究［D］．开封：河南大学，2018.

［52］蔡宁，葛笑春．非营利组织绩效评估中 PROMETHEE 法的应用［J］．技术经济，2006（5）：109 – 112，5.

［53］陆建松．增强博物馆的公共服务能力：理念、路径与措施［J］．东南文化，2017（3）：101 – 106.

［54］刘娅．英国、美国、加拿大博物馆评估近期实践及启示［J］．科普研究，2019（14）：32 – 40，106.

［55］黄旭茹．博物馆教育活动管理研究［D］．厦门：华侨大学，2015.

［56］段勇．美国博物馆的公共教育与公共服务［J］．中国博物馆，2004（2）：90 – 95.

［57］郑奕．博物馆教育活动研究：观众参观博物馆前、中、后三阶段教育活动的规划与实施［D］．上海：复旦大学，2012.

后 记

回首自己所从事博物馆空间设计与研究已十年有余，从一开始对空间表现效果的狂热追求，到看到布展完工后的兴奋不已，再到后来徘徊在对博物馆功能价值及社会意义的思考，忙碌之余我时常想起——到底什么样的博物馆才是好的博物馆？好似当年初学设计时那个永无结果的问题，"什么样的设计才是好的设计"，而今这个问题又转换到了博物馆上。

永无答案，也许才是设计最大的魅力。

2007 年，恩师吴国欣教授将我领进展示设计这一领域，在多年之后的博士论文答辩会上，上海大学刘森林教授提出，若将统计学的方法运用到展馆的研究中去，可能会有更多新鲜的东西。2016 年在台湾艺术大学访学期间深入系统地学习了统计学之后便不断尝试用量化研究的方法进行设计学问题的相关研究。恰好 2017 年申报的"当代博物馆文化信息传达有效性评估"获教育部人文社科基金资助，为我的博物馆展示研究带来了良好的契机并提供了有力支持。这也是在我的博士论文"中国城市规划展览馆发展研究"之后，尝试以一种不同的方法进行展馆研究的尝试与探索。

　　课题研究根本上试图回答"什么样的博物馆才是好的博物馆"这一命题，如按以往传统文献研究与实践经验回答这个问题，总觉得缺乏足够的说服力，而统计学结果能在回答这些问题时提供更具说服力的证据。以统计学方法进行问题研究，除了清晰严谨的逻辑思路之外，还需要大量的调研数据，课题研究得到了我研究生与优秀本科生团队的大力支持，从春天启动再到第二个春天，他们为项目的数据调研、数据分析以及研究报告的撰写付出了大量的精力和汗水，他们是硕士研究生尹泽和、丁娜、陈东阳、黄灿、段卓艳、黄竞芳、陈辰、沈航、朱常生、孟赫、郑融桥；大创团队成员陈涵、陈硕、魏梦圆、史敏涛、易佳琪等。研究还得到了南京工业大学人文社科基金及科研处工作人员的大力支持，在这里一并表示感谢。

钱凤德
2020 年春于南京工业大学